COMO DESENVOLVER
O POTENCIAL CRIADOR

CIP-Brasil. Catalogação na fonte
Sindicato Nacional dos Editores de Livros, RJ

A353c
Alencar, Eunice M.L. Soriano de
Como desenvolver o potencial criador; um guia para a liberação da criatividade em sala de aula / Eunice Soriano de Alencar, Nívea Pimenta Braga e Claudio Delamare Marinho. 12. ed. rev. e atual. Petrópolis, RJ : Vozes, 2016.

Dados biográficos dos autores.
Bibliografia
ISBN 978-85-326-0379-1

1. Criatividade 2. Criatividade (Educação). I. Título.

CDD – 153.35
370.157
370.118
CDU – 159.928

90-0434   37.036

Eunice Soriano de Alencar
Nívea Pimenta Braga
Claudio Delamare Marinho

COMO DESENVOLVER O POTENCIAL CRIADOR

Um guia para a liberação da criatividade em sala de aula

12ª Edição
Revista e atualizada

Petrópolis

© 1990, 2016, Editora Vozes Ltda.
Rua Frei Luís, 100
25689-900 Petrópolis, RJ
www.vozes.com.br
Brasil

Todos os direitos reservados. Nenhuma parte desta obra poderá ser reproduzida ou transmitida por qualquer forma e/ou quaisquer meios (eletrônico ou mecânico, incluindo fotocópia e gravação) ou arquivada em qualquer sistema ou banco de dados sem permissão escrita da editora.

Diretor editorial
Frei Antônio Moser

Editores
Aline dos Santos Carneiro
José Maria da Silva
Lídio Peretti
Marilac Loraine Oleniki

Secretário executivo
João Batista Kreuch

Editoração: Flávia Peixoto
Diagramação: Sheilandre Desenv. Gráfico
Capa: Redz – Estúdio de Design

ISBN 978-85-326-0379-1

Editado conforme o novo acordo ortográfico.

Este livro foi composto e impresso pela Editora Vozes Ltda.

Sumário

Prefácio, 7

1 Introdução, 9
   Os sapos e a educação, 10

2 A importância da criatividade, 15

3 Desfazendo os mitos sobre a criatividade, 23

4 O pensamento criativo, 29

5 Personalidade e criatividade, 35
   Traços de personalidade, 35
   A adoção de traços de personalidade relacionados a distintos papéis, 38

6 A repressão ao potencial criador, 43
   Barreiras emocionais, 46
   O autoconceito, 48
   Barreiras culturais, 52
   Alguns avanços, 55

7 Barreiras à criatividade no sistema educacional brasileiro, 59
   Procedimentos docentes que contribuem para o florescimento da criatividade, 65

8 Técnicas e programas de criatividade, 69
   Tempestade de ideias, 71
   Listagem de atributos, 76
   Relações forçadas, 77
   Matriz morfológica, 78
   Sinética, 80
   Programas que utilizam histórias como recurso para desenvolver a criatividade, 82

9 Imaginação e o uso de imagens sensoriais, 89
   As imagens sensoriais, 93
   Outros exercícios com imagens sensoriais, 99
   Os autores, 103

Prefácio

Temos o prazer de apresentar ao leitor uma versão revista e ampliada do livro *Como desenvolver o potencial criador,* lançado em 1990 e reimpresso 11 vezes. Desde então, a consciência de que é necessário investir na formação de indivíduos aptos a fazer uso mais pleno do potencial criativo cresceu de forma exponencial, devendo as instituições escolares preparar os estudantes para um futuro incerto em uma sociedade complexa, marcada por numerosos desafios e exigências. O desenvolvimento dessa capacidade criativa tem sido apontado como indispensável para que se possa assegurar a formação de profissionais qualificados para atuar em um mercado de trabalho no mundo globalizado e tecnológico, onde a criatividade é tida como habilidade de sobrevivência. Como lembram Kaufman e Sternberg[1], vivemos em uma sociedade onde aqueles que não inovam criativamente correm riscos de fracassar em um ou mais dos vários domínios da vida.

Reconhece-se o papel decisivo da criatividade e o seu desenvolvimento constitui objetivo presente nas políticas educacionais dos mais diversos países, inclusive o Brasil, como se pode depreender da leitura dos *Parâmetros Curriculares Nacionais.* Porém, muito ainda necessita ser feito para que ela possa de fato florescer em nosso ambiente escolar. Há enorme carência em termos de formação docente na área. Ademais, implantar uma cultura institucional que privilegie a criatividade não é uma tarefa simples, pois implica romper com práticas antigas e pro-

---

1. KAUFMAN, J.C.; STERNBERG, R.J. *The Cambridge handbook of creativity.* Nova York: Cambridge University Press, 2010.

fundamente sedimentadas. Temos, portanto, um longo caminho pela frente antes de alcançarmos as condições ótimas para o fomento desse campo entre professores e alunos.

Com este livro, buscamos contribuir nesta direção. Nos primeiros capítulos, sublinhamos a importância da criatividade e detalhamos as justificativas para se investir no seu desenvolvimento e expressão. Nos seguintes, focalizamos os mitos a seu respeito, que permanecem firmes e fortes, apesar de estarem sendo questionados há décadas. Outros tópicos também abordados são as habilidades cognitivas relacionadas ao pensamento criativo, os traços de personalidade que devem ser cultivados para um melhor aproveitamento do potencial para criar e fatores que inibem a sua expressão. Apresenta-se também uma gama de possibilidades, incluindo técnicas e exercícios que constituem vias para uma maior expressão da capacidade de criar e da imaginação, além de se chamar a atenção para o relevante papel dos agentes socializadores no processo de alavancar o seu desenvolvimento.

É nosso desejo que os leitores desfrutem de sua leitura e tirem muitos proveitos para o seu crescimento pessoal e daqueles com quem interagem, sejam estudantes, colegas ou filhos.

Eunice Soriano de Alencar
Nívea Pimenta Braga
Claudio Delamare Marinho

1
Introdução

Este é um livro destinado a professores do Ensino Fundamental. Entretanto, muito do que é apresentado no texto é de utilidade também para os demais membros da equipe pedagógica de qualquer escola, incluindo gestores, coordenadores pedagógicos e psicólogos escolares – profissionais envolvidos em assistir o professor em seus procedimentos didáticos. Reconhece-se, cada vez mais, a importância da criatividade na sociedade contemporânea, dado o seu papel para o progresso econômico, científico, social e artístico. Observa-se também uma consciência crescente de que é necessário preparar o educando para solucionar problemas imprevisíveis e lidar com os desafios inerentes ao cenário incerto e complexo do século XXI. Para tal, é fundamental que o educador tenha como um de seus objetivos o fortalecimento de um conjunto de habilidades cognitivas do aluno, em especial aquelas relacionadas à criatividade, aliado ao fortalecimento de atributos de personalidade que predispõem o indivíduo a tirar maior proveito de suas habilidades criativas.

Para que esse objetivo possa ser alcançado, falhas observadas no sistema educacional precisam ser revistas e eliminadas – entre elas o uso de práticas docentes que limitam a expressão da capacidade de criar. Nota-se que o ensino no país ainda é voltado de forma exagerada para a reprodução do conhecimento, e pouco se faz no sentido de preparar o estudante para a produção de ideias e de conhecimento. Observa-se, também, uma ênfase na educação para o "não pensar": o aluno recebe a informação pronta para ser assimilada e reproduzida, a par de uma proposta de ensino/aprendizagem direcionada para o passado, para o domínio de fatos já conhecidos. Preparado desde muito cedo para "o mercado" – expressão organizacional que rapidamente se emaranhou no vocabulário até mesmo no âmbito da Educação Infantil – o aluno, com frequência, ainda se vê diante de uma formação desequilibrada, que só desenvolve uma parcela muito reduzida de suas habilidades cognitivas, devido, por exemplo, ao pouco espaço para a prática do pensamento crítico e criativo. É necessário informar e formar os educadores no que diz respeito à criatividade e condições favoráveis a seu desenvolvimento.

Foram estes os principais fatores que nos levaram a organizar este livro, que tem como objetivos:

• Contribuir para liberar, expandir e desenvolver as habilidades criativas do leitor que se dispuser a fazer os exercícios sugeridos e aplicar as técnicas apresentadas.

• Apresentar informações oriundas de pesquisas sobre fatores facilitadores e inibidores à expressão da capacidade de criar em distintos contextos.

• Descrever técnicas e exercícios para a estimulação de habilidades criativas, que podem ser usados pelo professor em sala de aula ou pelo leitor de qualquer área que quiser "brincar" com as suas ideias e buscar novas soluções para os problemas enfrentados no seu dia a dia.

• Desmistificar a ideia de que a criatividade é um dom, privilégio de poucos, além de chamar a atenção para o importante papel do professor no processo de formação do autoconceito dos alunos e de fortalecimento de atributos de personalidade que os predispõem a usufruir, de forma mais plena, de seu potencial para criar.

Os sapos e a educação

Possivelmente, ao ler o título acima, você tenha se perguntado onde entram os sapos nesta introdução. Talvez você conheça muitas metáforas que relacionam os sapos a mudanças significativas em algum ponto da vida. Quase todas têm, como pano de fundo, o mito da caverna de Platão – em que, quando uma nova realidade é conhecida, rapidamente ela tende a ser compartilhada com os demais, sendo aí aceita ou não, conforme a percepção de cada um. Existe a história dos sapos que se recusam a sair da zona de conforto e conhecer outros ambientes. Há o sapinho corajoso que consegue se desenvolver mesmo que todos digam que ele não pode – isso porque ele era surdo. Ou ainda aquele que só consegue se mover quando visualiza um caminhão vindo em sua direção. Se você não conhecer as histórias não se preocupe. Elas estarão listadas ao final desta introdução. Mas por que a figura do sapo é tão recorrente?

Talvez porque ele seja um animal com pernas compridas que possibilitam o salto. Saltar é diferente de pular. O salto é um pulo de amplas proporções. O que é conhecido, então, fica muito longe, muito distante, ante uma capacidade que se tem. Uma capacidade que é natural, inata, somente pouco explorada. Não bastam as pernas compridas, é necessário se armar de coragem, de uma consciência para arriscar.

Na educação, esse salto se chama criatividade. É preciso deixar para trás os aspectos residuais de uma educação castradora, caso ainda existam na realidade em que você vive, para o desenvolvimento das habilidades naturais, do autoconhecimento. É necessário abrir espaço para o ato de criar. Não como algo que é exterior ao indivíduo, mas parte de sua própria vivência. A antropologia nos lembra dos rituais tribais, tão importantes e integrados, momentos em que todos são convidados a participar dos cânticos ou pinturas. Nessas sociedades, a arte é tão natural como cantar ou andar. Essa é a realidade também das crianças de algumas cidades no Nordeste, como, por exemplo, em Alto do Moura, perto de Caruaru, em que muito cedo se aprende a arte da cerâmica, sem a ideia de certo ou errado. A criatividade também precisa e deve ocupar este lugar em nosso sistema educacional. "Abre-te, cérebro", nos diria Arnaldo Antunes[2] em uma analogia bem-humorada com a frase clássica da história de Ali Babá e os 40 ladrões.

---

2. Cantor, compositor, músico, escritor e ex-vocalista dos Titãs.

Antes de continuar, talvez seja preciso um alerta. Assim como os demais sapos que tiveram coragem de saltar e experimentar uma nova realidade, é possível que você seja criticado por experimentar um jeito novo de programar suas aulas e os encontros com seus educandos. Isso porque criar exige esforço e disciplina, vontade de fazer algo de um jeito diferente. E o que é novo, por vezes, assusta.

Se você chegou até aqui, é porque está preparado para saltar conosco. Parabéns por ter aceitado o desafio! Ousar e buscar descobrir o seu potencial e daqueles com quem convive é o único caminho para quem pretende conhecer uma nova realidade. Neste contexto, os sapos estão aqui para nos inspirar. Nunca para serem engolidos. Mesmo que seja em uma metáfora.

O primeiro salto[3]

Há uma piada sobre dois sapos. Um está pulando ao longo do rebaixo de um profundo sulco feito por um trator. Outro o vê naquele buraco e grita:

"Ei! O que você está fazendo aí nesse vão? Está muito melhor aqui em cima; tem muito mais alimento".

O outro sapo olha para cima. *"Eu não consigo sair daqui."*

"Deixe-me ajudá-lo", diz o segundo sapo.

"Não. Deixe-me em paz. Eu estou bem. Tem muito alimento aqui para mim."

"Está certo", disse o segundo sapo. *"Mas há muito espaço disponível aqui em cima para explorar e se locomover."*

"Eu tenho todo o espaço que necessito neste buraco."

"E que tal conhecer outros sapos?"

"Eles descem aqui de vez em quando, se não eu posso gritar para meus amigos aí de cima."

---

3. LAGES, A.; O'CONNOR, J. *Coaching com PNL*: o guia prático para alcançar o melhor em você e nos outros. Rio de Janeiro: Qualitymark, 2004.

O segundo sapo dá uma espécie de suspiro e prossegue saltando.

No dia seguinte, ele fica surpreso em ver o primeiro sapo pulando ao lado dele.

"*Ei!*" ele grita. "*Eu pensei que você tinha permanecido naquele sulco. O que aconteceu?*"

"*Vinha vindo um caminhão.*"

O segundo salto[4]

Certa vez foi organizada uma competição entre sapos. O objetivo era ver qual deles conseguiria atingir o topo de uma alta torre. Uma verdadeira multidão compareceu para assistir a prova, vibrando e torcendo pelos batráquios. Mas, no fundo, eles não acreditavam que seria possível algum deles alcançar um ponto assim tão alto; então, quando a competição começou, o que mais se ouvia era:

"*Que pena! Eles não vão conseguir.*"

"*É muito difícil!*"

"*Nunca chegarão lá.*"

E realmente, um a um, todos os sapos começaram a desistir. Todos, exceto um, que persistia e continuava a subida em busca do topo. A multidão continuava gritando:

"*Desista!*"

"*O desafio é grande demais para você.*"

Mas ele continuava: cansado e arfante, mas sempre tranquilo.

Pois não é que o tal sapo venceu? E imediatamente a curiosidade tomou conta de todos. Queriam saber como ele conseguira tal façanha.

Cercado pela multidão que fazia perguntas e mais perguntas, o sapo triunfante somente estampava uma expressão atônita, de quem não estava entendendo uma palavra. Foi, então, que eles descobriram: o sapinho vencedor era surdo! Não havia escutado nenhuma das frases

---

4. História adaptada da internet. Autor desconhecido.

que haviam desmotivado cada um de seus concorrentes, fazendo com que desistissem. E assim, sem ser atingido pelo desestímulo da multidão, foi lá e saiu vitorioso.

O terceiro salto[5]

Era uma vez um sapo que vivia em um buraco. Ali nasceu, cresceu e passou a sua vida de batráquio. Bastava-lhe o matinho e a poça d'água que já conhecia. Tinha certeza de que era o único ser de sua espécie no mundo e contentava-se com essa condição. Um dia, um sapo estrangeiro pulou no buraco.

"*Você também é um sapo?*", perguntou o morador intrigado. "*Sim,*"respondeu, "*como milhares de outros iguais a nós mundo afora.*"

"*De onde veio e como veio parar aqui?*", perguntou o sapo do buraco, desconfiado. "*Eu vim de longe; atravessei florestas e muitos lugares longínquos.*"

"*O que é floresta?*", perguntou o sapo do buraco, com suspiro de medo. "*Uma porção de matos.*" "*Maior do que esta?*", apontou o sapo do buraco para sua pequena moita. "*Lógico*", retrucou o outro. "*Na floresta, existem porções de matos muito maiores do que estas.*"

Aquilo começou a irritar o sapo do buraco, que disfarçou para não incomodar a visita. "*Você fica admirado pela floresta, pois ainda não lhe contei do mar*", disse o sapo visitante. "*O que é um mar?*", interrogou o sapo do buraco. "*É uma porção enorme de água*", respondeu o outro. "*Maior do que esta?*", falou o sapo do buraco, apontando sua pequena poça.

"*Você está louco?*", respondeu o sapo visitante. "*No mar existem porções enormes de água, que são capazes de engolir mais de 10 trilhões de sapos!*", disse o sapo estrangeiro com ironia e sarcasmo.

"*Eu louco? Louco aqui é você! Como poderiam existir milhares de sapos, de água e de matagais, e eu não conhecer nada disso? Suma daqui!*"

O sapo estrangeiro viu a inutilidade de sua empreitada, e dando os ombros, abandonou o amigo e nunca mais retornou.

---

5. História adaptada da internet. Autor desconhecido.

2
A importância da criatividade

Consideremos a seguinte história:

Há muito tempo, havia uma aldeia, habitada por pessoas simples e honestas, na qual era praxe enviar para a cadeia qualquer um que não honrasse suas dívidas. Nela, havia um mercador que morava com sua jovem e bela filha. Desejando comprar mais mercadorias para aumentar suas vendas e melhorar seu negócio, o mercador resolveu pedir dinheiro emprestado a um velho morador da aldeia, considerado um dos homens mais ricos — e também um dos mais avarentos.

Após conseguir o dinheiro, o mercador foi até a cidade vizinha e abasteceu-se de novas mercadorias. Na volta para casa, no entanto, foi atacado por uma quadrilha de ladrões, perdendo tudo o que havia adquirido.

Ao saber do assalto, o velho rico — que secretamente desejava desposar a filha do mercador e viu no ocorrido uma oportunidade para conseguir seu intento — mandou imediatamente chamá-lo a sua presença, e, assim que este chegou, lançou-lhe logo uma proposta:

"Soube do triste episódio do assalto, e, como sou muito bondoso, apresentarei uma proposta para resolver sua dívida. Vou pegar aqui do chão duas pedrinhas — uma branca e uma preta — e colocá-las neste saco vazio de moedas. Vou então pedir que sua filha retire uma delas de dentro do saco. Caso ela escolha a pedrinha branca, o senhor será liberado da dívida e nada lhe acontecerá. Se, porém, ela tirar a pedrinha preta, ela deverá se casar comigo para que o senhor seja liberado da dívida; caso contrário, o senhor será imediatamente enviado para a prisão."

Diante da perspectiva de ver seu pai passar o resto de seus dias encarcerado, a filha concorda em correr o risco e ambos aceitam a proposta do velho.

Entretanto, a moça percebe, horrorizada, que ao agachar o velho propositadamente pega duas pedras pretas para colocar no saco de moedas, colocando-a num impasse: se ela apontasse a desonestidade do velho, ele poderia acusá-la de calúnia e mandar prender seu pai como punição; caso se recusasse a retirar a pedra, o acordo estaria desfeito e seu pai igualmente iria para a prisão. *No entanto, se ela seguisse à risca o trato combinado, retiraria uma pedrinha preta, o que a obrigaria a casar-se com o velho, contrariando sua vontade. O que fazer?* (Cf. o desfecho da lenda no final do capítulo e ainda várias respostas obtidas quando ela foi utilizada em oficinas de criatividade.)

É bem provável que você já tenha encontrado essa história ou alguma outra similar. Pode ter sido contada durante uma conversa informal entre amigos, publicada em uma revista de passatempos ou até mesmo enviada por e-mail. O fato é que em algum momento, quando chegou até você pela primeira vez, o que pode inclusive estar acontecendo exatamente agora, essa história provavelmente apresentou um desafio mental que fez você parar por um instante, especular, comparar com situações similares já conhecidas e listar possíveis soluções. Ou seja, deixou o seu cérebro em estado de alerta.

O que talvez não esteja tão óbvio é que, embora isso pareça um simples passatempo lógico (daqueles que colecionamos para entreter os amigos em reuniões ou ajudar a esquecer do tamanho da fila do banco), por trás desse quebra-cabeça narrativo encontram-se os mesmos princípios utilizados na produção de obras artísticas, criação de anúncios publicitários, elaboração de estratégias econômicas ou desenvolvimento de novas invenções – um componente a cada dia mais almejado pelas mais diversas organizações: a busca de soluções por meio da criatividade.

Vivemos em uma época que se caracteriza por mudanças profundas, ditadas pela presença da informação circulando em fluxo. Em outras palavras, o mundo, como o conhecemos, vive uma mutação acelerada. Após a Revolução Industrial e até meados do século XX, novas tecnologias demoravam cerca de 50 anos para promover mudanças profundas e duradouras, por meio de processos lentos e densos. Entre

1945 e 1980, esses processos encurtaram-se para vinte anos, e, na década de 1980, mudanças sensíveis já eram percebidas a cada dez anos. Mas, a partir de 2005, esse paradigma assume um ritmo ainda mais alucinante, com mudanças tecnológicas notáveis sendo percebidas a cada ciclo de 48 meses. Uma explicação bastante razoável para este cenário abrange o fato de que a concentração de capital em ciências, como a engenharia microeletrônica (nanotecnologia), computação, biotecnologia e física, faz com que a informação circule, aceleradamente, em tempo real, em escala global e de forma multimodal. O mundo está menor e os cenários se alteram com facilidade. Isso significa que boa parte do que aprendemos hoje, em sala de aula, estará ultrapassada antes mesmo que os alunos concluam os seus estudos.

Desesperador ou desafiador? Esta resposta dependerá de como o educador olhar para a sua tarefa de ensinar. Paralelamente a esse quadro de profundas mudanças, surge a valorização da capacidade intelectual da humanidade. Afinal, somente mentes muito bem treinadas são capazes não só de produzir, mas, principalmente, de organizar, gerenciar e otimizar a informação disponível atualmente.

Observa-se um consenso crescente quanto à importância e à necessidade de se assegurar condições mais favoráveis ao desenvolvimento da criatividade. Neste sentido, é possível lembrar o que, já em 1959, Rogers[6] ressaltava:

> Eu insisto que há uma necessidade social desesperada de comportamentos criativos por parte dos indivíduos... Em um tempo em que o conhecimento, construtivo e destrutivo, está avançando de uma forma acelerada em direção a uma era atômica fantástica, uma adaptação genuinamente criativa parece se apresentar como a única possibilidade para o homem manter-se à altura das mudanças caleidoscópicas de seu mundo... (p. 249-250).

---

6. ROGERS, C.R. Toward a theory of creativity. In: ANDERSON, H.H. (org.). *Creativity and its cultivation.* Nova York: Harper & Row, 1959, p. 69-82.

É preciso preparar o educando para solucionar problemas que ainda nem surgiram – e isso só é possível a partir do estímulo à criatividade. Cultivar a imaginação criadora na escola é despertar uma forma de poder que é comum a todos os seres humanos. Em maior ou menor grau, todos somos dotados de potencial criativo, capazes de dar forma a produtos não só físicos, mas relacionados ao conhecimento e à inovação.

Quem vive criativamente é autônomo, sente-se confortável diante dos problemas que tem diante de si e não se esquiva às tentativas de solucioná-los, pois se sente capaz. Em distintos países, como Estados Unidos, Inglaterra e Alemanha, há instituições voltadas para a pesquisa e oferta de programas de criatividade. Além disso, cursos com foco no tema "criatividade" têm sido também oferecidos em universidades para estudantes de áreas diversas. Esses cursos têm sido desenvolvidos em um clima no qual os estudantes se sentem seguros e livres para explorar o seu potencial criador, sendo ainda estimulados a fortalecer características de uma pessoa criativa. Neles, o conhecimento teórico é complementado via aprendizagem por meio de experiência pessoal, buscando capacitar os estudantes para as demandas do mercado, que necessita de profissionais com alto grau de adaptabilidade, flexibilidade, capacidade de trabalhar em equipe, entre outros requisitos.

Propiciar um espaço maior para a fantasia e para o jogo imaginário tem sido visto como fundamental para o desenvolvimento psicológico da criança. No Japão, por exemplo, as crianças são estimuladas a manter viva a imaginação por meio de jogos, canções, leituras e peças teatrais. A partir dos três anos, quando se inicia a Educação Infantil, o pequeno aprendiz se envolve em produções artísticas variadas e isso é apontado como uma das causas do número reduzido de problemas de aprendizagem e pela quase total inexistência de analfabetos no país[7].

---

7. TORRANCE, E.P. Ten lessons on the development of giftedness and talent from Japan. *Gifted International*, vol. 1, n. 1, 1982, p. 61-71.

Quando existe fantasia e imaginação, o ambiente em sala de aula ganha uma nova roupagem. A partir de um núcleo comum de conhecimento, os educandos são estimulados a criar a sua própria visão sobre aquilo que é ensinado, a partir de cada vivência. Em um ambiente em que os pares se respeitam, estes são encorajados a compartilhar impressões e, assim, adquirem mais referências.

Nem sempre a educação oferece essas oportunidades de crescimento em sala de aula. Há várias décadas, educadores de distintos países, incluindo o Brasil, têm sublinhado elementos que cerceiam a criatividade no contexto escolar, ressaltando a necessidade de um espaço maior para a expressão criativa nas distintas matérias do currículo. Bruner[8], por exemplo, ainda na década de 60 do século passado, pontuou que os educadores deveriam encorajar a criatividade das crianças e jovens como preparação para o futuro, uma vez que o futuro (lembrou ele) é difícil de definir. No Brasil, Wechsler[9], Alencar[10], Fleith[11], entre outros, têm sinalizado práticas, crenças e valores que dificultam o florescimento da criatividade em sala de aula. Ainda existe, nos dias de hoje, uma visão pessimista arraigada dos recursos e possibilidades de cada indivíduo.

Se você é um educador que chegou até aqui na leitura deste livro, é porque acredita na criatividade como faceta indispensável na formação do seu educando. Deve estar se perguntando, no entanto, por onde começar. A seguir, algumas dicas práticas que podem ajudá-lo a introduzir o assunto no planejamento de suas aulas.

Vamos brincar com as nossas ideias?

---

8. BRUNER, J. (org.). *On knowing*: Essays for the left hand. Cambridge, MA: Harvard University Press, 1962.
9. WECHSLER, S.M. Criatividade e desempenho escolar: uma síntese necessária. *Linhas Críticas*, vol. 8, n. 15, 2002, p. 179-188.
10. ALENCAR, E.M.L.S. O papel da escola na estimulação do talento criativo. In: FLEITH, D.S.; ALENCAR, E.M.L.S. (orgs.). *Desenvolvimento de talentos e altas habilidades* – Orientação a pais e professores. Porto Alegre: ArtMed, 2007, p 151-161.
11. FLEITH, D.S. Como desenvolver a criatividade no contexto educacional. In: SESI (org.). *Criatividade*. Brasília: Sesi, 2007, p. 9-29.

• Lembre-se de que criatividade é uma forma de como fazer algo e não somente uma finalidade. Portanto, encare cada aula como se fosse um problema a ser resolvido. Por exemplo: como ensinar subtração de uma forma criativa? Como aumentar a fixação do conteúdo "A Respiração Humana"? Como estimular a procura por formas básicas como o triângulo, o círculo e o quadrado em uma floresta?

• Comece agindo dentro de sua própria zona de conforto. Se você tem habilidades musicais, pode utilizá-las na realização de algum exercício. Caso seja um bom contador de histórias, poderá criar formas teatrais para ensinar determinado tópico. Se for um bom ilustrador, por que não utilizar personagens para fixar um conteúdo? Antes de estimular a criatividade no outro, procure descobrir e desenvolver os seus próprios dons.

• O contexto é a melhor forma de começar alguma tarefa criativa. Conheça a turma! Se o perfil é predominantemente masculino e eles adoram futebol, por exemplo, pesquise e traga exemplos práticos que envolvam este esporte para as mais variadas disciplinas: textos sobre futebol podem constar nas aulas de leitura e produção de texto. A origem dos times poderá ser relacionada com as regiões do Brasil em aulas de Geografia. Aulas de Ciências poderão examinar o que acontece no corpo quando a atividade física é realizada.

• Sempre que possível, varie a abordagem. Intercalar aulas em ambiente fechado com ambientes abertos é trabalhoso, mas costuma render resultados interessantes. Sempre que possível, deixe que o educando crie algum produto ou mostre como absorveu determinado conteúdo.

Apresentar problemas ou desafios que estimulem a imaginação e/ou a fantasia é uma ótima forma de mudar a postura dos alunos diante da realidade. O que parece um mero exercício interessante, quando repetido várias vezes, poderá ser incorporado como uma forma de ver o mundo, afastando comportamentos preguiçosos e automáticos por parte da turma.

Lendas, histórias e um *upgrade* na imaginação...

Veja como a história do início do capítulo foi resolvida... E que outras possibilidades foram trazidas em oficinas de criatividade:

Segundo a lenda, a moça resolveu o problema da seguinte forma: ao pegar a pedra, deixou-a cair e se misturar entre as outras, exclamando:

"Oh, meu Deus! Como sou desastrada... Mas não tem importância! Basta ver qual a pedrinha que ficou no saco de moedas para se certificar da que eu escolhi. Se dentro do saco tiver uma pedrinha preta, isto significa que peguei a branca e nada me acontecerá. Se, porém, tiver uma branca, esta será a prova que eu peguei a preta e não me resta outra alternativa a não ser casar com o velho para salvar o meu pai".

E foi desta forma que a moça resolveu o problema, sem maiores dificuldades.

Seguem exemplos de soluções propostas por professores e estudantes, em oficinas de criatividade, ao se colocarem como personagens da lenda diante do problema:

- Esconder uma pedrinha branca na mão, antes de tirar a pedra do saco de moedas.
- Dar um ultimato e trocar as regras da cor.
- Casar com o velho e depois envenená-lo com cicuta.
- Chamar a polícia e mostrar a troca.
- Tirar as duas pedras, esconder cada uma em uma mão e pedir ao pai para escolher uma: mostrar que foi jogo sujo.
- Passar tinta branca na mão.
- Tentar ser feliz com o velho.
- Propor trocar a cor das pedras.
- Desmaiar, cair no chão e pegar uma pedra branca.
- Deixar cair o saco no chão e pegar novas pedras.
- Deixar cair o vestido, e, enquanto o velho olha para o seu corpo, se abaixa e pega outra pedra.

- Dar uma cacetada no velho e ir com o pai para a prisão.
- Casar e ficar rica.
- Botar um pó para o velho dormir e trocar as pedras.
- Engolir a pedra e ver qual a que ficou no saco de moedas.

Questão
- Por que é importante criar condições favoráveis ao desenvolvimento da criatividade?

3

Desfazendo os mitos sobre a criatividade

Antes de começar a leitura deste capítulo, responda os seguintes itens, colocando V (verdadeiro) ou F (falso), ao lado de cada enunciado:

( ) A criatividade é um "dom" presente em alguns poucos indivíduos.

( ) A criatividade pode consistir em um lampejo de inspiração, que ocorre sem uma razão claramente explicável.

( ) A criatividade depende apenas de características do próprio indivíduo.

( ) A criatividade é uma questão de tudo ou nada. Alguns indivíduos são criativos e outros não.

( ) A criatividade manifesta-se apenas nos trabalhos e produções dos grandes talentos artísticos e nas novas propostas de inventores e cientistas.

( ) Os processos de pensamento relacionados à criatividade encontram-se no hemisfério direito do cérebro.

É possível que você tenha finalizado a leitura do capítulo anterior com muitas ideias, com vontade de acrescentar algo novo às suas aulas. Temos que alertá-lo, no entanto, que poderá encontrar alguma resistência por parte dos educandos, devido aos mitos que foram propagados ao longo dos anos sobre criatividade. É normal encontrar educandos desencorajados a criar, temerosos de sua capacidade, crentes que a criatividade se trata de um dom para poucos e não de uma característica de todos.

Já na Grécia antiga, disseminava-se a ideia de que a criação era um ato divino, uma espécie de "dom" presente em poucos indivíduos privilegiados. Uma curiosidade nos comprova isso: a origem da palavra "Olé" nas touradas e nos eventos esportivos deriva-se do árabe (*wa--llah*) e evoca Deus como fonte de beleza. Então quando um dançarino começava a dançar de uma maneira original, criativa, plena, dizia-se que ele transcendia a própria condição humana. As pessoas então diziam: *Wa-llah! Wah-llah!* Deus teria tomado posse sobre o ser e Ele perderia o controle sobre a criação. Essa ideia é responsável pela concepção do dom que se difundiu ao longo de séculos e esteve presente na fala de compositores de renome, que atribuíram a sua criação ao poder divino. Um exemplo é Puccini (1858-1924) (apud GOWAN[12], p. 251-252) que relatou: "A música desta ópera (Madame Butterfly) foi ditada a mim por Deus. Eu fui meramente um instrumento a registrar no papel e comunicar ao público".

Com o passar dos anos, a ideia do lampejo de inspiração, ou gênio intuitivo, ganhou espaço. A criação, sob essa ótica, aconteceria a partir do ser humano, mas em momentos fora do seu controle. É a imagem reforçada por alguns compositores, que só se sentiam capazes de criar sob a inspiração de sua musa e saíam, a esmo, em busca de inspiração na natureza, como se fosse algo que estivesse completamente fora do seu domínio. Em contrapartida, pouco se fala na figura de Johann Sebastian Bach – criador disciplinado, que compunha todos os dias, trocando com os pares as suas impressões e composições.

Tudo isso são... mitos. Como o de que a criatividade depende somente dos fatores intrapessoais, ou que se apresenta em termos absolutos ("ou somos muito criativos ou não somos"). Ou de que a criatividade é uma manifestação ligada exclusivamente ao domínio das artes e às invenções. Infelizmente, muitos educadores enunciam com frequên-

---

12. GOWAN, J.C. Creative inspiration in composers. *Journal of Creative Behavior*, vol. 11, n. 4, 1977, p. 249-255.

cia: "Eu não tenho a menor criatividade" ou "Os meus alunos não são nem um pouco criativos".

Paralelo a estes mitos que põem a criatividade como algo totalmente alheio a qualquer controle, há o outro extremo – a criatividade vista como uma fórmula aplicável – um "tempero". Nos programas de treinamento de criatividade que desenvolvemos nós encontramos, por exemplo, educadores que, ao se inscreverem, tinham a expectativa de que lhes seriam ensinado técnicas de enfeitar a sala e fazer fantoches ou usar sucata na elaboração de objetos de arte. Muitos esperavam também receber receitas prontas, sem ter que vivenciar o processo de produção de ideias e de resolução criativa de problemas.

Ainda é muito frequente a crença popular de que os processos de pensamento associados à criatividade estariam localizados no hemisfério direito do cérebro. Entretanto, estudos recentes da neurociência têm indicado que numerosas regiões do cérebro estão ativas quando o indivíduo está envolvido em tarefas criativas (SAWYER[13]).

As pesquisas têm mostrado também – e muitos são os dados acumulados nas últimas décadas – que todo ser humano é criativo – alguns mais, outros menos, dependendo de inúmeras variáveis – e que os poderes da mente humana, ainda pouco explorada, são, sem sombra de dúvida, ilimitados.

Três aspectos fundamentais para a produção criadora têm sido também salientados:

O primeiro diz respeito à preparação do indivíduo (o que também implica bagagem de conhecimento), a par de sua dedicação, esforço, envolvimento, trabalho prolongado e persistência, como há cerca de um século salientou Thomas Edison, um dos mais notáveis inventores. Ele afirmava, inclusive, que criatividade consistia de 98% de transpiração e de 2% de inspiração[14].

---

13. SAWYER, K. The cognitive neuroscience of creativity – A critical review. *Creativity Research Journal*, vol. 23, n. 2, 2011, p. 137-154.
14. KEYES, R. *The Quote Verifier*. Nova York: St Martin's Griffin, 2006, p. 77 e 296.

O segundo aspecto estaria ligado às características do ambiente social, ao grau de reconhecimento que se dá ao criador e à criação, e à extensão em que a mudança, o novo, o divergente são aceitos e valorizados. Nem sempre, entretanto, esta é a regra dominante em instituições escolares. É muito comum a propagação de um discurso de valorização da criatividade quando na prática vê-se uma cultura institucional caracterizada pela pressão ao conformismo, com normas reticentes à experimentação e resistência aos professores que procuram inovar as suas práticas pedagógicas. Não encontrando nos gestores e coordenadores pedagógicos a assistência e o apoio necessários, o docente acaba arrefecendo seu entusiasmo por um ensino marcado pela criatividade. O relevante papel do social foi sublinhado por Stein[15], que assim se expressou:

> Estimular a criatividade envolve não apenas estimular o indivíduo, mas também afetar o seu ambiente social e as pessoas que nele vivem. Se aqueles que circundam o indivíduo não valorizam a criatividade, não oferecem o ambiente de apoio necessário, não aceitam o trabalho criativo quando este é apresentado, então é possível que os esforços criativos do indivíduo encontrem obstáculos sérios, se não intransponíveis (p. 12).

Finalmente, é importante destacar que as habilidades criativas podem ser desenvolvidas por meio de intervenções deliberadas, sob a forma de treinamento ou instrução. Portanto, embora persista a ideia de criatividade como um dom inacessível à aprendizagem, presente apenas em alguns indivíduos privilegiados, o que se reconhece na atualidade é que a capacidade de criar pode ser expandida a partir do domínio de técnicas e fortalecimento de atitudes, comportamentos, valores, crenças e atributos pessoais, que predispõem o indivíduo a pensar de uma maneira independente, flexível e imaginativa.

---

15. STEIN, M. *Stimulating creativity*. Nova York: Academic Press, 1974.

O desenvolvimento pleno dessas habilidades requer também – além de treinamento e uso deliberado de técnicas, como *brainstorming*[16], sinética ou listagem de atributos (descritas no cap. 8) – uma compreensão mais profunda da pessoa em si mesma: suas necessidades, competências, ideais, metas e bloqueios que dificultam a ela tirar maior proveito de seu potencial para criar e que necessitam ser desfeitos para permitir um melhor fluxo de novas ideias.

É preciso entender a criatividade não como um ponto de chegada de nosso trabalho, mas sim o *ponto de partida*. O processo criativo refere-se à forma como precisamos encarar o desafio que temos pela frente. Toda aula é, *grosso modo*, um desafio a ser resolvido, como vimos no capítulo anterior. Como ensinar a operação de soma e subtração? Como fazer com que meus alunos memorizem os processos de divisão celular de uma forma prazerosa? Como aumentar o interesse do aluno pelo conteúdo que está sendo ensinado? Esses problemas podem ser resolvidos por repetição de modelos que conhecemos – mas também podem dar ao educador a oportunidade de lançar um olhar diferenciado sobre a questão.

A seguir mais alguns passos que podem ajudá-lo a desenvolver um clima favorável à expansão da criatividade em suas aulas:

• Estimule os seus educandos a se conhecerem e a se aceitarem como são: Quais são seus gostos e interesses? De onde vieram? O que trouxeram de bom consigo? Quais são suas aptidões naturais?

• Mostre-os que existem, pelo menos, oito tipos de inteligência. Isso poderá ajudá-los a livrar-se de bloqueios.

• Estimule as conexões entre as pessoas que fazem parte do mesmo grupo (da sala de aula, p. ex.). Ambientes favoráveis a trocas favorecem a produção criativa.

---

16. Em tradução literal, "tempestade de ideias" [N.A.].

- Seja gradual na apresentação dos exercícios. Estimule-os com níveis crescentes de dificuldade, respeitando sempre a evolução da turma.

Questões
- Reveja as suas respostas aos itens da parte inicial deste capítulo. Você partilhava de alguma das ideias errôneas aí apresentadas?
- Uma ou mais delas são frequentes entre as pessoas com quem você convive?
- Como desmistificá-las?

4

O pensamento criativo

Uma inscrição encontrada em um batente de porta de banheiro americano levanta uma questão provocadora: "*What if the cure for cancer is trapped inside the mind of someone who can't afford an education?*" ("E se a cura para o câncer estiver presa dentro da cabeça de alguém que não pode pagar por uma educação?"[17])

Essa questão nos obriga a parar uns instantes para pensar: as condições existentes em sala de aula são propícias para o florescimento da capacidade criativa de nossos educandos de forma plena? Para responder a essa pergunta com propriedade é preciso conhecer quais são as características do pensar criativo. Estas foram estudadas há longa data por um pesquisador americano (GUILFORD[18]), que foi um dos primeiros a destacar algumas habilidades do pensamento criativo.

Guilford definiu como características do pensamento criativo as seguintes habilidades:

Fluência: abundância ou quantidade de ideias diferentes sobre o mesmo assunto. Ela pode estar relacionada com a habilidade de gerar ideias e respostas a situações-problema (fluência *ideacional*) ou com a capacidade de produzir relações e gerar uma significativa quantidade de associações de ideias (fluência *associativa*).

Flexibilidade: capacidade de alterar o pensamento ou conceber diferentes categorias de respostas.

---

17. Disponível em http://theamericankid.com/post/33315661531/i-hate-being-forced-to-think-such-deep-thoughts
18. GUILFORD, J.P. *The nature of human intelligence*. Nova York: MacGraw-Hill, 1967.

Originalidade: respostas infrequentes ou incomuns para a mesma questão.

Elaboração: quantidade de detalhes presentes em uma ideia.

Avaliação: processo de decisão, julgamento e seleção de uma ou mais ideias dentre um grupo maior de ideias apresentadas anteriormente.

Além destas, destacam-se ainda a redefinição, que implica transformações, revisões ou outras modalidades de mudança na informação e a sensibilidade em ver defeitos, deficiências em uma situação onde usualmente não se percebem problemas.

As habilidades cognitivas necessárias para se pensar de uma forma original foram também categorizadas:

Habilidades associativas: capacidade de conectar ideias remotas.

Habilidades analógicas: o uso de analogias para comparar, elaborar e mesmo transformar informações.

Habilidades metafóricas: capacidade de se referir a um objeto em termos de outros, produzindo sentidos figurados por meio de comparações implícitas (metáforas), e fazendo assim surgir novas formas de representação mental.

Habilidades abstratas: capacidade de isolar mentalmente um ou mais elementos de um todo.

Cabe ao educador propor o maior número de situações em que essas habilidades possam ser desenvolvidas, de forma a criar condições para que os alunos gerem o maior número de ideias para o mesmo problema. E não só isso: mudar o foco – ou seja, estimular a flexibilidade do pensamento – favorece o pensamento lateral, tão importante para a resolução criativa de problemas. Se o educando encontrar um ambiente seguro para expressar suas opiniões, a originalidade encontrará mais campo para se expressar, dando vazão a ideias pouco usuais e raras. Por fim, cabe ao grupo compartilhar, julgar e avaliar a produção coletiva.

Exercícios para o desenvolvimento de habilidades do pensamento criativo

Por meio de uma série de exercícios simples e de fácil aplicação em sala de aula, é possível estimular o pensamento criativo entre os alunos. O professor deve destinar algum tempo (p. ex., 10 minutos) para que os alunos, individualmente ou em pequenos grupos, respondam a alguns desafios propostos. É importante manter o clima leve e lúdico, deixando claro que não existem respostas boas ou más, certas ou erradas; toda ideia é bem-vinda. Após completar o tempo, o professor deve solicitar a cada aluno que leia suas ideias para os colegas, estimulando a exposição daquelas respostas que, em sua opinião, não foram lembradas por mais ninguém.

O leitor pode responder também, registrando o maior número possível de respostas.

- Imagine que você tenha uma varinha de condão com a qual pode mudar o tamanho de todas as coisas. O que você tornaria menor? E maior?
- Imagine que, de repente, você se tornasse invisível. O que faria?
- Imagine o que ocorreria se fosse possível ler os pensamentos de qualquer pessoa.
- Imagine que você pudesse voar. O que faria?
- Imagine o maior número de usos para um velho prédio abandonado.
- O que aconteceria se não houvesse mais escolas?
- O que aconteceria se, de repente, todos os telefones desaparecessem?
- O que aconteceria se todas as pessoas se tornassem surdas?
- O que aconteceria se todos nós tivéssemos quatro braços ao invés de dois?
- O que aconteceria se todos os livros desaparecessem da face da terra?
- O que aconteceria se as plantas falassem?

- Como você se sentiria se fosse o arco-íris?
- Como você se sentiria se fosse a primeira flor a desabrochar na primavera?
- Como você se sentiria se fosse transformado em um gigante?

Em outro exercício, denominado "SE EU FOSSE DEUS" (versão ligeiramente modificada de um proposto por CANFIELD; WELLS[19]), os alunos devem tentar responder à seguinte proposta: "Se eu fosse o Deus do universo, eu...":

Aceitaria _____

_____

Desistiria de _____

_____

Entenderia _____

_____

Continuaria _____

_____

Esqueceria _____

_____

Mudaria _____

_____

Lembraria _____

_____

---

19. CANFIELD, J.; WELLS, H.C. *100 ways to enhance self-concept in the classroom* – A handbook for teachers and parents. 3. ed. Needham Heights, MA: Allyn and Bacon, 1994.

Criaria

Um exercício interessante para estimular habilidades criativas pode ser feito a partir de uma narrativa que crie situações envolvendo reflexão, abstração e exploração de possibilidades. Apresente aos alunos a seguinte história:

Havia um cientista (possivelmente psicólogo) interessado em realizar um estudo sobre a vida do maior general existente na face da terra. Após muito tempo de procura, este pesquisador foi informado que essa pessoa já teria morrido.

Foi ele, então, até o céu, onde pediu a São Pedro para mandar vir até ele a pessoa sobre a qual necessitava de informações para a sua pesquisa. Quando a suposta pessoa chegou, o pesquisador imediatamente retrucou:

"Não é esta a pessoa com quem desejo falar. Esta, São Pedro, eu a conheci por muitos anos. Foi um simples sapateiro na cidade onde vivi".

São Pedro, porém, respondeu:

"Teria sido, porém, o maior de todos os generais, se tivesse tido as oportunidades e as condições ambientais adequadas para o seu desenvolvimento".

Em seguida, peça aos alunos que respondam aos seguintes desafios:

1) Dê o maior número de títulos diferentes para uma dada história, como para a atribuída a Mark Twain apresentada anteriormente.

2) Modifique o enredo de uma história conhecida ou transforme as características de seus personagens.

Outros exercícios poderiam estar diretamente vinculados ao conteúdo e às atividades desenvolvidas pelo professor. Seguem-se dois exemplos, e outros similares poderiam ser criados:

1) Em uma aula sobre população, o problema da explosão demográfica é discutido. O professor apresenta, então, o seguinte problema: imagine como seria se, de repente, a população crescesse de tal forma que não houvesse mais área suficiente para a produção agrícola neces-

sária para a alimentação desta população. Relacione o maior número possível de ideias de como resolver este problema.

2) Em uma unidade de estudo sobre os primeiros habitantes da América do Sul, a seguinte questão poderia ser trabalhada pelos alunos: os índios da América do Sul constituíram uma das primeiras civilizações. O que pode ter levado a sua extinção?

Questão

• Caso seja professor, elabore o maior número de exercícios relacionados a sua disciplina que poderiam ser utilizados em sala de aula para favorecer o desenvolvimento das habilidades criativas de seus alunos. Sugerimos que aplique esses exercícios e compartilhe a experiência com colegas.

5
Personalidade e criatividade

Louis Armstrong, considerado um dos mais criativos e influentes músicos da história do *jazz*, afirmou certa vez: "*Se você tem que perguntar o que é jazz, você nunca vai saber*". O senso comum parece ter uma impressão similar quando se trata de identificar indivíduos criativos. Mas embora não haja uma configuração clara que reflita os traços de personalidade de tais expoentes, estudos realizados com indivíduos que deram contribuições altamente criativas em áreas distintas (como arquitetura, ciências, matemática e artes) apontam alguns traços comuns que se sobressaem. Estes serão aqui descritos bem como algumas características a serem cultivadas para um melhor aproveitamento do potencial criador de cada indivíduo.

Traços de personalidade

Autonomia (independência). Diversos estudos apontam a autonomia ou independência como característica presente em profissionais que se destacaram por seu desempenho superior em áreas diversas. MacKinnon[20], por exemplo, desenvolveu uma das primeiras pesquisas com indivíduos altamente criativos. Ao investigar uma amostra de arquitetos, considerados os mais criativos dos Estados Unidos, observou que a autonomia era uma característica central e um traço que se sobressaía desde cedo em suas vidas.

---

20. MACKINNON, D.W. *In search of human effectiveness*: Identifying and developing creativity. Búfalo, NY: Bearly, 1978.

Flexibilidade pessoal e abertura à experiência. Estes são atributos fundamentais, que facilitam ao indivíduo reformular julgamentos ou ideias previamente formados a respeito de algo. Eles se relacionam diretamente ao interesse de experimentar e tentar novos métodos, novas soluções e respostas para problemas e questões, e têm sido sistematicamente encontrados em estudos biográficos, com amostras de profissionais que se destacam pela produção com um alto grau de criatividade. A resposta de um matemático que participou de pesquisa de nossa autoria (ALENCAR[21]) ilustra bem essa percepção: "Ter uma mentalidade de abertura às ideias da matemática no sentido de observar estas novas ideias e deixar estas ideias terem um espaço na sua mente".

A abertura à experiência foi também ressaltada pelos psicólogos da corrente humanista, que tem em Carl Rogers um de seus mais conhecidos expoentes. Esse teórico a considerou como uma dentre três condições internas fundamentais à criatividade, descrevendo-a como o oposto de defesa psicológica e caracterizando-a como uma ausência de rigidez, a par de permeabilidade de limites e conceitos, crenças, percepções e hipóteses. Para Rogers, abertura à experiência implicaria tolerância à ambiguidade, e habilidade em receber informações conflitantes (ROGERS[22]).

Autoconfiança, iniciativa e persistência. Um indivíduo confiante tende a ser menos resistente a correr riscos – e correr riscos é essencial quando se pretende ir além do conhecido e persistir em direção aos objetivos almejados. Estes são traços que resultam em um intenso envolvimento e dedicação ao trabalho – reflexo de um alto nível de motivação intrínseca, característico daqueles que estão primariamente motivados a realizar uma dada tarefa tendo como motivadores o interesse, prazer e desafio da atividade em si.

---

21. ALENCAR, E.M.L.S. Personality traits of Brazilian creative scientists. *Gifted and Talented International*, vol. 13, n. 1, 1998, p. 14-18.
22. ROGERS, C.R. Toward a theory of creativity. In: ANDERSON, H.H. (org.). *Creativity and its cultivation*. Nova York: Harper & Row, 1959, p. 69-82.

Nota-se também, entre indivíduos mais criativos do sexo masculino, alguns traços de personalidade tradicionalmente atribuídos a pessoas do sexo feminino na sociedade ocidental, como sensibilidade, espontaneidade e intuição. Este último tem exercido um papel particularmente importante, sobretudo nas descobertas acidentais, ou seja, aquelas que ocorrem por acaso, como tem sido amplamente documentado e divulgado.

A sensibilidade emocional é também apontada como um atributo de valor, não apenas para o artista, mas também para o cientista. Beveridge[23] comenta:

> [...] o grande cientista deve ser visto como um artista criativo, e é falso pensar no cientista como um homem que simplesmente segue as regras da lógica e do experimento. Alguns dos mestres da arte de pesquisa exibiam também talentos artísticos em outras direções. Einstein tocava um instrumento musical, como também Max Planck; Pasteur e Bernard pintavam e escreviam peças. Um fato interessante e curioso é que na língua peruana antiga havia uma única palavra para poeta e inventor [...] (p. 102).

Além dos traços de personalidade descritos não se poderia negar também a importância da bagagem de conhecimento. Bagagem, aqui, é um termo de amplo espectro, uma vez que o conhecimento necessário varia de área para área, e inclui não somente informações de ordem geral, mas também o conhecimento técnico específico de cada campo. Um compositor não conseguiria, por exemplo, registrar a sua criação, caso não dominasse as regras de como imprimir na pauta a sua inspiração musical. Um cientista de pesquisa básica deve dominar, entre outros aspectos, a metodologia, a estatística e os princípios básicos de estudos de laboratório, para contribuir para o avanço do conhecimento,

---

23. BEVERIDGE, W.I.B. (1988). *The art of scientific investigation*. Nova York: Vintage Books, 1988.

por meio de estudos originais. Já o arquiteto deve aliar conhecimentos diversos, incluindo os referentes à estrutura e à forma, para a elaboração de projetos criativos. Diversos autores destacam esse papel, como Parnes[24], que considera a criatividade como função do conhecimento, imaginação e avaliação. Ele compara a criatividade a um caleidoscópio, no qual quanto maior o número de peças, maior o número de padrões possíveis que se pode produzir. De forma similar, quanto maior o conhecimento, maior o número de padrões, combinações ou ideias que se pode alcançar.

A adoção de traços de personalidade relacionados a distintos papéis

Von Oech[25] apresenta uma descrição original dos traços de personalidade a serem cultivados, de tal forma que o indivíduo faça pleno uso de suas habilidades criativas. Ele sugere o aprimoramento de habilidades distintas relativas a quatro papéis que, muitas vezes, somos levados a desempenhar de uma forma pouco ou mais adequada. Estes papéis – explorador, artista, juiz e guerreiro – serão aqui apresentados e comentados (cf. Quadro I).

Quadro I Recomendações para uma produção criativa
(Segundo Von Oech)

- Quando você estiver buscando por novas informações, seja um EXPLORADOR.
- Quando você estiver transformando seus recursos em novas ideias, seja um ARTISTA.
- Quando você estiver avaliando os méritos de uma ideia, seja um JUIZ.
- Quando você estiver colocando a sua ideia em prática, seja um GUERREIRO.

---

24. PARNES, S.J. *Creative behavior guidebook*. Nova York: Scribner's, 1967.
25. VON OECH, R. *A kick in the seat of the pants*. Nova York: HarperCollins, 1986.

O explorador de ideias

Quando estamos diante de um problema é comum a resposta não aparecer de súbito ou de imediato. Muitas vezes, temos dificuldades em visualizar adequadamente o problema e outras, de reestruturá-lo, vendo-o sob um novo enfoque, ângulo ou ponto de vista. É comum ficarmos "cegos" a alguns aspectos da questão ou "presos" a soluções que se mostraram inadequadas, mas das quais somos incapazes de nos liberar. Daí a importância de cultivarmos as características de um bom explorador de ideias.

Um bom explorador busca por novos fatos e informações, adquirindo e utilizando a bagagem de conhecimento para encontrar novas respostas. Assim como quem busca um veio de ouro numa floresta não deve seguir pelas trilhas já abertas (que levariam a fontes já esgotadas), o explorador de ideias deve aventurar-se por vários caminhos, incluindo aqueles desconhecidos e ainda não trilhados. Impulsionado por sua curiosidade, ele se dedica a investigar e examinar fatos, conceitos, informações, impressões e sentimentos. E para fazê-lo deve usar dos sentidos para observar, prestando atenção em detalhes que talvez contenham as pistas que levarão à solução adequada de um problema. Assim como um fotógrafo profissional, o qual tira dezenas de fotos antes de escolher as melhores para uma dada reportagem, também o explorador deve buscar muitas ideias. A melhor estratégia para isso é conciliar o domínio de conhecimento com a aplicação de técnicas, como tempestade de ideias (esta é descrita no cap. 8) que favorecem a emergência de muitas respostas.

É importante ainda que o explorador desenvolva a habilidade de observar adequadamente todo o contexto, pois pode ocorrer de a melhor solução para um problema encontrar-se à vista, sendo, porém, difícil visualizá-la.

O artista de ideias

Transformação é uma etapa-chave no processo de produção criativa. Um bloco de mármore precisa ser reelaborado para se tornar uma estátua, assim como o barro para virar uma peça de cerâmica. Analogamente, é desejável que a informação disponível seja transformada em novas ideias; passando por adaptações e alterações necessárias, acrescentando-se onde estiver faltando e eliminando-se onde estiver sobrando. Esse papel transformador cabe ao **artista de ideias**.

Uma ferramenta bastante útil nesse processo é a listagem de atributos, sugerida tanto por Osborn[26] em seu livro *O poder criador da mente* como por Rodari[27] em *Gramática da fantasia*. Estes, entre muitos outros autores, sugerem o uso de uma lista de questões que facilitam ao indivíduo reformular e rearranjar aspectos de um problema, como as seguintes:

- **Aumentar:** O que pode ser acrescentado, multiplicado ou ampliado?
- **Diminuir:** O que pode ser eliminado? Condensado? Reduzido?
- **Comparar:** Que similaridades têm o seu problema ou partes do mesmo com a música? Viagem? Natureza?
- **Substituir:** O que pode ser substituído? Outro ingrediente? Outro produto? Outro material? Outro processo? Outra abordagem?

Juiz de ideias

Durante o processo de se gerar ideias e soluções mais criativas, há um momento, em uma etapa mais avançada, que se deve desempenhar o papel do juiz, avaliando e julgando as múltiplas ideias produzidas, antes de se decidir pela melhor. Esta não é uma tarefa simples, pois nem sempre a resposta que nos parece correta é a melhor.

Para facilitar a avaliação de ideias, alguns estudiosos, como Parnes, sugerem que o processo de avaliação seja feito de uma forma sistemática, após o indivíduo dispor de um grande número de possíveis solu-

---

26. OSBORN, A. *Applied imagination*. Nova York: Charles Scribner's, 1965.
27. RODARI, G. *Gramática da fantasia*. São Paulo: Summus, 1982.

ções. Num primeiro momento, devem-se selecionar alguns critérios ou padrões de julgamento (como custo, utilidade, beleza, tempo etc.). Esses poderão ser propostos utilizando-se o princípio de julgamento adiado – ou seja: levantar muitos critérios, selecionando posteriormente os mais apropriados. Após elaborar uma lista de critérios, cada ideia é, então, julgada com relação a cada um dos critérios utilizando-se uma escala de 3 pontos, onde 1 seria insatisfatório; 2, razoável; e 3, satisfatório. Após serem avaliadas as ideias com o primeiro critério, são elas, então, novamente julgadas, utilizando-se o segundo critério, e assim sucessivamente. Após concluída a avaliação, seleciona-se a ideia ou combinação de ideias considerada a melhor de todas elas.

O guerreiro

A história conta que Henry Ford certa vez afirmou para seus vendedores que "qualquer cliente poderá ter um carro pintado de qualquer cor que desejar, contanto que seja preto"[28]. Ainda que tendo sido feito de forma jocosa (os "Model T" estavam disponíveis em uma variedade de cores, do vermelho-fogo ao verde-oliva), a frase representa um tipo de mentalidade muito comum quando se trata de pensar em soluções criativas: todos querem novidades, desde que não seja necessário mudar nada.

Mudança e inovação são geralmente vistas como ameaçadoras. Também não é rara uma reação negativa por parte da família, da escola e da sociedade diante de qualquer empreendimento que diverge do comum, do corriqueiro e do conhecido. Muitas barreiras dificultam o desenvolvimento do potencial criador; a rejeição às novas ideias tem sido regra e não exceção em muitos contextos. Por esta razão, frequentemente para que uma ideia não morra é necessário lutar por ela e não se deixar vencer pelos inúmeros obstáculos, que se refletem com frequência nos comentários que a sociedade dispõe para matar uma ideia:

---

28. FORD, H. *My life and work*. Nova York: Doubleday, Page & Company, 1922, p. 71.

- *Não dá certo.*
- *Nunca fizemos isto antes.*
- *Não seja ridículo.*
- *A sua ideia é muito radical.*
- *Não estamos preparados para isso.*
- *Alguém já tentou isto antes?*
- *Temos ido muito bem sem isso.*
- *Vamos pensar um pouco mais a respeito.*

Comentários como esses podem ser altamente destrutivos, empurrando para o lixo, muitas vezes, ideias que foram fruto de muita reflexão, pesquisa, trabalho e avaliação. São comentários que geram um sentimento de rejeição, o que afeta uma das necessidades básicas do ser humano, que é a de ser aceito pelo grupo a que pertence. Para vencer essa rejeição devemos agir como um guerreiro, que se empenha na defesa e implementação de sua ideia e que não se deixa desanimar diante do primeiro obstáculo.

Questões

- Em sua opinião, quais são os traços de personalidade mais importantes a serem cultivados no contexto escolar?
- Em que extensão um ou mais desses traços contribuem para uma produção criadora superior?
- São eles reforçados no sistema educacional brasileiro?
- O que o professor pode fazer em sala de aula com vistas a cultivar traços de personalidades que favorecem a produção criadora?
- Quais são as principais características de um explorador de ideias, de um artista de ideias, de um juiz e de um guerreiro de ideias? Quais desses traços você apresenta?

6

A repressão ao potencial criador

A pequena jaula

Na época em que era costume prender os animais em pequenas jaulas nos jardins zoológicos, o responsável pelo cuidado dos animais em um destes locais observou que o urso passava os seus dias dando quatro passos para um lado e quatro passos para o outro lado.

Durante meses, esse comportamento foi observado e o zelador do zoológico, sensibilizado pelo reduzido local que o urso dispunha para se locomover, passou a sonhar com o espaço ideal para aquele pobre animal: visualizava uma área grande, com algumas árvores e uma parte descampada, onde seria possível ao urso correr, pular, subir em árvores e até dar cambalhota.

Depois de muito refletir, ele teve a ideia de ir até o prefeito para pedir-lhe as providências necessárias para construir uma nova residência para o urso.

Ao ouvir o relato, o prefeito deu ordem ao zelador para escolher no zoológico o melhor local para a nova residência do urso. Queria, porém, fazer uma grande festa para comemorar a inauguração deste novo espaço, convidando a banda de música para tornar o evento mais significativo. Tratou também de preparar o seu discurso, onde ressaltaria a sua preocupação pela cidade, pelos seus habitantes e até mesmo pelos animais do zoológico.

O dia da festa chegou. O povo, a banda de música, o prefeito... todos atentos à forma como o estimado animal reagiria diante de seu novo espaço.

O que aconteceu, entretanto, com o urso?

Ao ser transferido, continuou a dar quatro passos para um lado, quatro passos para o outro e repetiu, pelo resto dos seus dias, o mesmo comportamento.

Vivemos em uma sociedade que nos ensina desde cedo a controlar as nossas emoções, a resguardar a nossa curiosidade e a evitar situações que poderiam redundar em sentimentos de perda ou fracasso. Aprendemos, desde os primeiros anos, a criticar as nossas ideias e a acreditar que o talento, a inspiração e a criatividade são o resultado de fatores sobre os quais temos pouco controle e que estariam presentes em apenas alguns indivíduos privilegiados. Aprendemos a não explorar as nossas ideias e bloquear a expressão de tudo aquilo que poderia ser considerado ridículo ou motivo de crítica.

Na busca pela segurança, que nos é ensinada desde muito cedo, o desejo por experimentar algo novo fica embotado. Acabamos construindo para nós mesmos uma pequena jaula. E é preciso evitar o hábito de viver nessa jaula.

Um exemplo que ilustra essa afirmação são os resultados obtidos em um teste aplicado em escolas, módulos de pós-graduação, cursos livres e oficinas de criatividade. Ele se chama "Desafio do *Marshmallow*". Em 2012, foi utilizado na Fundação Getúlio Vargas para desafiar os alunos de cursos de Economia, Administração e Direito. A tarefa era simples: com limitações de materiais (vinte espaguetes crus, um rolo de fita adesiva, um rolo de barbante, tesoura e um *marshmallow*) e de tempo (16 minutos) os participantes precisavam criar a estrutura mais alta que conseguissem, e que fosse capaz de sustentar o doce no topo.

Os resultados obtidos nessas aplicações podem ser facilmente encontrados nos sites de busca da internet. Os adultos costumam dividir boa parte do tempo pensando no problema, uma parte menor do tempo construindo a estrutura e, ao final, ao colocar o doce, descobrem que o protótipo tende a desmoronar. De maneira geral, a repetição dessa atividade tem comprovado que as crianças conseguem chegar a resultados muito mais eficientes do que as equipes em idades mais avançadas.

Qual seria o segredo do sucesso das crianças? Dentre os vários fatores possíveis, certamente, está a menor quantidade de barreiras. Os experimentos mostram que elas não gastam muito tempo pensando em tudo o que pode dar errado. Elas não se preocupam em dividir papéis nem possuem medo de expor as ideias. Elas apenas usam os materiais e testam possíveis soluções. Vão construindo pequenos modelos, melhorando-os continuamente e de uma maneira colaborativa.

Em suma: elas ainda confiam no seu potencial criativo, embora não sejam, necessariamente, mais criativas que os adultos.

A pressão pela adequação costuma acontecer lenta e progressivamente. Desde os primeiros anos, diversas aprendizagens contribuem para distorcer nossa percepção do mundo e de nossas possibilidades. Este aspecto foi bem lembrado por Schiff[29], que assim se expressou: "Quem não ouviu centenas de vezes: não toque nisso! Venha imediatamente! Que teimosia! A cada instante de sua existência, a criança é confrontada a proibições, recomendações e reprovações. Quando se torna adulta, esta velha criança tenderá a agir com os jovens do mesmo modo que agiram com ela".

Premidos também por uma necessidade de ser aceitos, somos muitas vezes levados a anular as nossas ideias, a limitar as nossas experiências, a bloquear o nosso crescimento. Esse é um processo lento e gradual, que começa muito cedo na vida de cada criança, e que sofre o impacto de situações diversas ocorridas no meio da família e da escola. Um exemplo ilustrativo de uma dessas situações é o de um garoto que, a cada pergunta que fazia ao pai, recebia como resposta um encolher de ombros, ou um comentário do tipo: "Não me amole"; "Me pergunte depois, porque agora estou ocupado"; "Deixe de lado essas ideias e vá brincar". Muitas crianças aprendem, desde cedo, que os comportamentos mais valorizados pelos seus pais não são aqueles relacionados à exploração, à descoberta, à expressão da sua capacidade de criar, mas antes comportamentos que levam ao conformismo e à passividade.

Situações semelhantes são vividas pelo aluno na escola, onde professores, preocupados e pressionados a transmitir o conteúdo curricular, não encontram, muitas vezes, o tempo necessário para ouvir as inda-

---

29. SCHIFF, M. *L'intelligence gaspillé*: inégalité sociale, injustice scolaire. Paris: Du Seuil, 1982.

gações da criança, aproveitar as suas ideias, valorizar seus pontos de vista e os recursos de sua extraordinária imaginação. Parece que se esquecem de que, um dia, eles próprios também foram pequenos exploradores.

Nesse contexto, é também frequente ouvir críticas severas ao trabalho do aluno e constatar a inexistência de condições favoráveis à expressão de suas ideias e individualidade. Uma situação observada por uma das autoras deste livro, que ilustra tais condições, foi a de uma professora de 4º ano que, após solicitar aos alunos para desenhar uma paisagem, comentou as produções em termos bastante negativos, mostrando os trabalhos realizados individualmente para toda a classe e expressando a sua insatisfação e crítica diante de cada desenho analisado.

Em nenhum momento esta professora refletiu sobre o impacto que poderia ter sobre a criança o fato de ver o seu trabalho criticado diante de todos os colegas, ou ouvir uma avaliação altamente depreciativa de algo que talvez tenha sido feito com empenho e esforço. As consequências adversas em nível de sentimentos de autodepreciação, fracasso e vergonha também não foram consideradas.

São situações como essa que contribuem para a formação de barreiras internas à expressão criativa e para uma visão limitada dos recursos e habilidades pessoais. Elas permanecem vivas na memória do indivíduo, como ouvimos de uma professora, com muitos anos de experiência de ensino, que assim se expressou, ao refletir sobre a sua própria formação:

> Na escola em que me formei, sempre fui muito podada. Fui sempre muito criticada. Nunca tinha oportunidade de expressar a minha criatividade. Estudei em uma escola rígida, que tinha até palmatória, que só era certo o que a professora falava. Eu me sinto prejudicada pelas professoras que tive.

Barreiras emocionais

Diferindo das barreiras físicas, que são tangíveis e facilmente detectáveis, as barreiras emocionais são construídas lentamente no decorrer da vida do indivíduo. Com a ajuda das pessoas que o rodeiam e que o fazem ver, por meio de uma risada, de um muxoxo, ou de uma expressão facial, que as suas ideias pouco valem, o indivíduo internaliza formas de pensar que se tornam fortemente resistentes à mudança. Muitas dessas barreiras são desconhecidas pelo próprio sujeito, que não dispõe de recursos para lidar com atitudes mentais profundamente enraizadas, fruto da educação e das experiências vividas notadamente durante a sua infância. Por outro lado, sabemos que as correntes mais difíceis de romper são aquelas que trazemos dentro de nós.

Entre as barreiras emocionais mais frequentes, salientam-se a apatia, a insegurança, o medo de parecer ridículo, o medo do fracasso, os sentimentos de inferioridade, bem como um autoconceito predominantemente negativo.

A apatia se traduz por uma descrença, indisposição ou desinteresse em se tentar aproveitar as próprias ideias ou mudar o curso de uma ação. Ela se expressa no comportamento de uma pessoa que não dá valor a sua ideia, dizendo para si mesma ou para outros: "Não adianta tentar, porque eu sei que não vai dar certo", ou "Não vale a pena o esforço, porque eu sei que não vai funcionar".

O medo de parecer ridículo ou ter a sua ideia alvo de deboches ou de crítica é outro fator que também leva o indivíduo a abortar as próprias ideias antes mesmo de expressá-las e internalizar uma atitude crítica que estabelece fronteiras rígidas à expressão de novas ideias e pontos de vista.

De forma similar, sentimentos de inferioridade podem fazer com que o indivíduo cultive o hábito de se perceber sempre em termos negativos, como incompetente e incapaz. Caso tais sentimentos sejam também reforçados no meio em que o indivíduo vive, isso pode levá-lo a se tornar alheio a qualquer esforço ou projeto que poderia contribuir para uma mudança em sua autopercepção.

A par dessas barreiras de natureza emocional, que constituem forças inibidoras a um pensamento mais flexível e inovador, é ainda comum o desconhecimento por parte do indivíduo de suas habilidades e potencialidades. Não é raro ouvir expressões como: "Eu não tenho o menor jeito para...", "Eu sei que não sou capaz de...", "Eu não vou experimentar, porque não tenho as habilidades necessárias". Essas expressões refletem uma noção firme e inabalável de possíveis limitações pessoais e que resistem a qualquer tentativa ou sugestão de mudança. O mais grave é que é comum tais afirmações serem feitas por pessoas que tiveram pouca ou nenhuma experiência em uma determinada área a respeito da qual tecem tais considerações, sem qualquer fundamentação na realidade, fruto apenas de pura imaginação. Entretanto, esta atitude mental constitui um dos determinantes mais poderosos do comportamento, limitando áreas de atuação e de experimentação da pessoa.

O autoconceito

Um fator de crucial relevância para o desenvolvimento e expressão do potencial criador diz respeito ao grau de autoconfiança aliado à concepção que o indivíduo tem de si mesmo e de suas capacidades. A maneira como cada pessoa se percebe (como capaz de aprender e criar ou, pelo contrário, como incompetente e incapaz), as suas crenças e sentimentos a respeito de si mesmo e de suas competências e capacidades são formados desde os primeiros anos de vida, sofrendo inicialmente grande influência dos primeiros agentes socializadores – pais e professores. Autoconceito é a denominação que esse fator recebe, constituindo-se em uma das facetas centrais da personalidade do indivíduo, podendo tanto restringir como favorecer o desenvolvimento do próprio potencial. Esta dimensão influencia diretamente a produção criativa, além de estar associada ao ajustamento e ao desenvolvimento do indivíduo.

O que é o autoconceito?

O autoconceito diz respeito a pensamentos e sentimentos que se tem sobre si mesmo derivados das observações do indivíduo de como os outros reagem a ele, de seu próprio comportamento e de seu desempenho comparativamente ao dos demais (SWANN JR.; CHANG--SCHNEIDER; McCLARTY[30]). Ele é formado pelas crenças e atitudes pessoais, sendo altamente influenciado pela percepção que se tem das avaliações dos demais a respeito de si. Constitui um determinante importante do que o indivíduo percebe do seu comportamento e do que o indivíduo acredita que pode fazer e alcançar. Assim, se o indivíduo se percebe como pessoa competente e capaz, procurará agir de uma forma congruente com esta autoimagem. Por outro lado, se se percebe como pessoa incapaz, agirá de forma a corresponder também a esta autoimagem.

Para vários autores, como Swann Jr., Chang-Schneider e McClarty, autoconceito e autoestima se confundem. Nessa perspectiva, tanto autoconceito como autoestima dizem respeito a pensamentos e sentimentos a respeito de si mesmo. Uma vez formada, essa visão dá significado às experiências pessoais, desempenhando um papel vital na organização da realidade e na orientação do comportamento.

É relevante salientar que o autoconceito se torna progressivamente multifacetado à medida que o indivíduo passa da infância às demais fases da vida. Conforme apontam Marsh e Hattie[31], bebês tendem a não diferenciar eles mesmos de seu ambiente, ao passo que crianças pequenas têm um autoconceito global pouco diferenciado. Após alguns anos e com o domínio da linguagem, o autoconceito se torna progressivamente diferenciado, englobando diversas dimensões. Uma delas diz respeito à dimensão física, que inclui duas subfacetas: a habilidade física e a aparência física. Outra dimensão é a social e uma terceira é a intelectual/acadêmica, relacionada ao desempenho em atividades intelectuais e em diversas disciplinas, como Matemática, Ciências, Línguas

---

30. SWANN JR., W.B.; CHANG-SCHNEIDER, C.; McCLARTY, K.L. Do people's self-views matter? – Self-concept and self-esteem in everyday life. *American Psychologist*, vol. 62, n. 2, 2007, p. 84-94.
31. MARSH, H.W.; HATTIE, J. Theoretical perspectives on the structure of self-concept. In: BRACKEN, B.A. (org.). *Handbook of self-concept* – Developmental, social and clinical considerations. Nova York, 1996. p. 38-90.

e História, todas elas contribuindo para o autoconceito global. Além disso, dependendo do gênero e da sociedade em que o indivíduo vive, algumas características que se associam a dimensões do autoconceito são mais valorizadas do que outras. Kerr[32] sinalizou, por exemplo, que poucas culturas percebem uma inteligência elevada como uma característica atraente em mulheres, paralelamente a uma valorização maior da beleza física em indivíduos do sexo feminino.

Da mesma forma, também é relevante destacar que a tendência é se perceber em alguns aspectos de forma positiva e em outros de forma negativa. Entretanto, há casos de crianças, jovens e adultos que se veem de forma predominantemente negativa, com sentimentos muito negativos a respeito de si mesmos, indicadores de baixa autoestima. Há pesquisas indicando ainda que indivíduos com visões negativas a respeito de si mesmos têm maior probabilidade de sofrerem trauma emocional e baixa motivação do que aqueles com autopercepções positivas e ainda que indivíduos com percepções predominantemente negativas tendem a pensar e a se comportar de forma a diminuir a sua qualidade de vida (SWANN JR.; CHANG-SCHNEIDER; McCLARTY[33]). Isso sinaliza a importância de o professor estar atento a alunos com tais características, com vistas a envidar esforços para promover mudanças positivas na autopercepção desses alunos.

Neste sentido, alguns princípios relativos ao autoconceito, apresentados por Canfield e Wells[34], são relevantes de serem conhecidos pelos professores, dado o papel que exercem na formação do autoconceito discente. Entre estes, destacam-se:

1) É possível efetuar mudanças no autoconceito e é possível ao professor efetuar estas mudanças — sejam elas positivas ou negativas.

---

32. KERR, B. Guiding gifted girls and young women. In: HELLER, K.A. et al. (orgs.). *International handbook of giftedness and talent*. Kidligton/Oxford: Elsevier, 2000, p. 649-658.
33. SWANN JR., W.B.; CHANG-SCHNEIDER, C.; McCLARTY, K.L. Do people's self-views matter? – Self-concept and self-esteem in everyday life. *American Psychologist*, vol. 62, n. 2, 2007, p. 84-94.
34. CANFIELD, J.; WELLS, H.C. *100 ways to enhance self-concept in the classroom* – A handbook for teachers and parents. 3. ed. Needham Heights, MA: Allyn and Bacon, 1994.

2) Não é fácil, porém, provocar mudanças rápidas no autoconceito. Elas ocorrem de forma lenta, ao longo do tempo.

3) Os esforços que visam promover mudanças nas crenças mais centrais têm um impacto maior no aluno, embora seja mais difícil provocar tais mudanças.

4) Experiências "superficiais" podem ser úteis. O simples fato de sempre chamar o aluno pelo nome, de cumprimentá-lo de uma forma amistosa, de elogiá-lo por seu desempenho ou fazer referência a uma de suas qualidades, ajuda a criar um sentido de valor pessoal (no Quadro II, ao final deste capítulo, é apresentado um relato que ilustra esse aspecto).

Esses autores, no livro *100 maneiras de fortalecer o autoconceito em sala de aula*, apresentam uma série de atividades e exercícios que o professor poderá utilizar para desenvolver sentimentos positivos a respeito de si mesmo nos alunos dos primeiros anos escolares. Segue-se a descrição de um desses exercícios:

A professora solicita às crianças para arranjar as suas carteiras em círculo, de tal forma que cada uma veja o rosto das demais. Em seguida, pede a cada uma delas para compartilhar algumas coisas que a faça sentir feliz.

Uma variação deste exercício é pedir para as crianças responderem individualmente e em voz alta a seguinte questão:

"Você seria capaz de lembrar alguma coisa que alguém fez ou disse para você nesta última semana que a fez se sentir feliz? Conte para os seus colegas o que foi e a razão por que você ficou satisfeita com o ocorrido ou com o que lhe foi dito".

A professora pode também solicitar a cada aluno para dizer para os colegas uma de suas qualidades e posteriormente apontar um de seus colegas e expressar alguma coisa sobre ele, que é motivo de sua admiração.

É notória a necessidade de se conscientizar o professor de sua responsabilidade em promover condições favoráveis ao desenvolvimento de um autoconceito positivo de todos os alunos e o cuidado que deve ter no sentido de não valorizar apenas o bom desempenho acadêmico (não é raro o professor desqualificar aqueles alunos cujo desempenho está aquém do desejável). Deve estar atento às habilidades, talentos e interesses de toda a classe, estabelecendo condições favoráveis ao desenvolvimento do potencial de cada aluno. Uma atitude de estímulo e de consideração deve permear as atividades realizadas em sala de aula.

A importância de se assegurar condições favoráveis ao desenvolvimento de um autoconceito positivo do aluno tem sido apontada por psicólogos e educadores de diferentes países. Um relato que um dos autores deste texto teve acesso e que lhe chamou a atenção foi referente a algumas escolas japonesas, que se empenhavam em cultivar um autoconceito positivo, juntamente com outras características, como autonomia e persistência. Ao ingressar nessas escolas, com três anos, a criança memorizava as cinco regras do bom estudante, cabendo ao professor implementá-las no cotidiano da sala de aula. São elas:

- Eu sou capaz.
- Eu vou continuar tentando até ser bem-sucedido no que faço.
- Eu vou fazer o melhor possível.
- Eu tenho responsabilidade sobre o que faço.
- Eu aprecio cordialidade.

Barreiras culturais

As barreiras culturais estão relacionadas a valores e crenças compartilhadas pelos indivíduos de uma sociedade, sendo esses transmitidos inicialmente pela família e, a seguir, pela escola no decorrer do processo de socialização de crianças e adolescentes. Os alunos são educados em consonância com os valores dominantes, esforçando-se os agentes socializadores em fortalecer comportamentos, crenças, atitudes e atributos personológicos aprovados e valorizados pela cultura da sociedade em que o indivíduo se encontra inserido. Em nosso meio, predomina, por exemplo, a consideração da fantasia e da reflexão como perda de tempo, a valorização da lógica e do raciocínio em detrimento do sentimento e da intuição, a ênfase exagerada na resposta correta, na solução conhecida, no fato certo, elementos esses que inibem as possibilidades de um maior florescimento da criatividade. Outros fatores de natureza cultural, que também podem cercear o desenvolvimento e expressão do potencial para criar, são apontados a seguir:

1) As pressões sociais com relação ao indivíduo que diverge da norma

Observam-se fortes reações contra aqueles indivíduos que divergem, que são diferentes ou originais. Desde muito cedo é transmitido para a criança o que o menino pode fazer e o que a menina pode fazer, o que se pode pensar e como se deve atuar. Todo o processo de socialização é no sentido de conduzir à uniformidade de comportamento e de expressão, desencorajando-se a diversidade e a originalidade. A obediência às normas é um dos valores mais cultivados pelos agentes socializadores, como observado inclusive em pesquisas sobre o aluno ideal realizadas com professores, em que foi constatado ser a obediência uma das características mais desejadas pelos docentes em seus alunos. Por outro lado, o estudante questionador, que tem ideias divergentes, é visto em muitos contextos educacionais como inconveniente e mesmo uma ameaça ao docente, que se sente inseguro para lidar com a diversidade e a divergência.

2) O medo do fracasso

A criança é ainda socializada no sentido de buscar a segurança como prioridade e evitar riscos que eventualmente possam redundar em perdas ou sensação de fracasso. Faz parte da cultura popular o dito "antes um pássaro na mão do que dois voando", usado como justificativa pelo indivíduo para evitar situações pouco claras, nas quais a probabilidade de ser bem-sucedido é desconhecida. Não é raro, por exemplo, o indivíduo se apegar a um emprego que o deixa insatisfeito e aborrecido, recusando inclusive novas propostas de trabalho, com receio de correr o risco de não se sentir ajustado, satisfeito ou de não ter sucesso na nova atividade. Outros recusam fazer determinados cursos ou concursos, temendo um possível fracasso.

3) A necessidade de ser aceito

Esta necessidade, de caráter psicológico, está sendo aqui apresentada por estar vinculada também a elementos de ordem cultural, como as características que se deve apresentar para poder se sentir parte de um grupo. Trata-se de uma das necessidades fundamentais do ser humano, cuja satisfação se vincula ao ajustamento e sentimentos de bem-estar. Entretanto, para ser aceito o indivíduo muitas vezes é instado a abrir mão de sua individualidade, a deixar de expressar as próprias ideias ou a dar visibilidade a uma habilidade específica, optando por agir e pensar de acordo com os valores e normas do grupo. Um exemplo frequente que tem sido observado é o de alunos superdotados em uma sala de aula regular, que camuflam a sua inteligência superior ou o seu conhecimento avançado a respeito de tópicos tratados pelo professor para não sofrer sanções dos colegas ou serem rejeitados e se sentirem isolados.

4) As expectativas com relação ao papel sexual

As sociedades divergem no que diz respeito às expectativas com relação a indivíduos do sexo masculino e feminino, reforçando determinados comportamentos e ignorando e mesmo punindo outros, conforme o sexo do sujeito. De modo geral, tende-se a esperar menos das mulheres em termos de contribuições na projeção de novos produtos, descobertas científicas, invenções e inovações de ordens diversas. No campo profissional, embora mudanças venham ocorrendo no que diz respeito às expectativas e possibilidades de realização profissional da mulher, ainda há um longo caminho a percorrer para que um maior número de mulheres de fato possa se projetar, de forma similar ao homem, em áreas de reconhecido destaque, como alta gestão governamental ou robótica.

No que diz respeito a traços de personalidade que se associam à criatividade, alguns deles, como espontaneidade, sensibilidade e intuição, são mais aceitos quando apresentados por indivíduos do sexo feminino, enquanto outros são considerados típicos de indivíduos do sexo masculino, como os anteriormente apontados (coragem para correr riscos e independência). Certas áreas de interesse são mais vinculadas a homens (Ciências e Matemática, p. ex.), enquanto outras são consideradas apropriadas para a mulher. Essa divisão tende a limitar o comportamento exploratório e a bloquear o desenvolvimento em determinadas direções. Uma ênfase exagerada na diferenciação dos papéis sexuais restringe certas áreas de experiência e de pensamento, reduzindo desnecessariamente a possibilidade de crescimento do indivíduo e o uso de seu potencial.

Alguns avanços

Desde a segunda metade do século XX, avanços foram observados em diversas ciências, como a psicologia, questionando a visão tradicional do homem e de suas possibilidades de crescimento. Poder-se-ia lembrar aqui, por exemplo, o Movimento da Potencialidade Humana que, fundamentando-se em dados obtidos em pesquisas nas áreas de *biofeedback*, parapsicologia e processos alterados de consciência, chamou a atenção para o potencial ilimitado do ser humano, o qual tem sido utilizado de forma muitíssimo reduzida, permanecendo muitas capacidades inibidas por falta de estímulo, de encorajamento, de ambiente favorável a seu desenvolvimento.

De forma similar, os representantes da Psicologia Humanista, em contraste com outras correntes psicológicas dos meados do século passado, chamaram a atenção de forma especial para o potencial humano para se desenvolver e se autorrealizar, ressaltando ainda que os seres humanos têm talentos diversos, que merecem ser explorados e que devem ter condições para se desenvolver. Rollo May[35], um dos

---
35. MAY, R. *A coragem de criar*. Rio de Janeiro; Nova Fronteira, 1982.

expoentes da Psicologia Humanista, no livro de sua autoria, *A coragem de criar*, sinalizou, por exemplo, que não basta o impulso interno para a autorrealização; segundo ele, também importantes são as condições presentes na sociedade, a qual deve possibilitar à pessoa liberdade de escolha e ação, de tal forma que possa explorar novas ideias, novas possibilidades, reconhecendo e estimulando o potencial criador de cada indivíduo. É interessante observar o título que Rollo May deu a esse livro. De fato, vivemos em uma sociedade, por vezes tão castradora, tão repressora, que é preciso, com frequência, coragem para expor as próprias ideias e para ousar novas propostas.

No presente século, com as mudanças ocorrendo em ritmo mais acelerado do que nunca, a consciência da importância e da necessidade de criatividade tem aumentado. Observa-se que governos de diferentes países têm se empenhando em propor políticas educacionais voltadas para um ensino que facilite o desenvolvimento mais pleno da capacidade de criar dos alunos, que os incentive a tirar maior proveito dessa capacidade e fortaleça recursos pessoais de natureza cognitiva, afetiva e de personalidade que se associam à criatividade. Numerosas universidades têm introduzido cursos de criatividade não apenas para estudantes de pedagogia, mas também para futuros engenheiros, administradores e outros profissionais, de forma a atender melhor as exigências e desafios da sociedade do conhecimento. Entretanto, apesar desses avanços, muito ainda necessita ser feito no sentido de se otimizar as condições para o florescimento da criatividade ao longo dos anos escolares.

Questões

- Entre as diversas barreiras ao desenvolvimento da criatividade, quais são aquelas que, em sua opinião, mais dificultam ao indivíduo manifestar a sua criatividade?
- Entre essas barreiras, quais são as mais comuns em nosso meio?
- O que poderia ser feito no sentido de eliminar algumas dessas barreiras?
- O que o professor pode fazer para promover um autoconceito positivo de seus alunos?

Quadro II O teste do sussurro[36]

Oito palavras, não mais que oito, foi o que mudou para sempre a vida daquela menina.

Mary Ann Bird

Cresci sabendo que era diferente e odiava isso. Nasci com uma fenda palatina, e, quando entrei para a escola, os colegas, fazendo troça de mim o tempo todo, forçaram-me a tomar consciência da minha aparência. Eu era uma garotinha de lábios defeituosos, nariz torto, dentes desiguais e fala meio truncada.

Quando os meninos me perguntavam o que havia acontecido com meus lábios, eu dizia que tinha levado um tombo quando era bebê e tinha cortado a boca num pedaço de vidro. Essa explicação me parecia de alguma forma mais aceitável do que dizer que eu havia nascido assim. Aos sete anos, estava convencida de que ninguém, além da minha família, jamais iria gostar de mim.

Foi então que passei para o segundo ano, e fui matriculada na classe da Sra. Leonard.

Ela era gordinha, bonita e cheirosa, tinha braços roliços, cabelos castanhos sedosos e olhos escuros, quentes e risonhos. Todo mundo a adorava. Ninguém, porém, mais do que eu, e por uma razão muito especial.

Na nossa escola faziam-se anualmente testes de audição. Eu quase não escutava de um dos ouvidos, mas não queria revelar ainda mais este problema, que me fazia parecer mais diferente dos outros. Então resolvi mentir.

Eu havia aprendido a observar as outras crianças e a levantar a mão quando elas o faziam, durante os testes de grupo. O "teste do sussurro", no entanto, necessitava de outra espécie de trapaça: cada criança devia ir até a porta da sala de aula, virar-se de lado e tapar um dos ouvidos: aí a professora sussurrava algo lá da sua mesa, e a criança tinha de repetir o que ela dissera. Depois fazia-se a mesma coisa com a outra orelha. Ainda no jardim de infância, eu havia descoberto que ninguém ia checar se o ouvido estava bem ocluso, e então eu fingia tapar o meu.

---

36. Transcrição autorizada da edição de novembro de 1985 das *Seleções de Reader's Digest*. Originalmente publicado na revista *Guideposts*. Copyright 1984 por Guideposts Associates, Inc., Carmel. N.Y. 10512. Todos os direitos reservados.

Fui a última como sempre, mas durante todo o tempo de teste fiquei imaginando o que a Sra. Leonard iria sussurrar para mim. Sabia, pela experiência dos anos anteriores, que ela dizia coisas como "O céu é azul" ou "Estes sapatos são novos?" Chegou a minha vez. Virei meu ouvido mau para ela e tapei firmemente o outro com a mão, depois levantei os dedos o suficiente para poder ouvir. Aguardei, e então ouvi as palavras que por certo foi Deus quem colocou nos lábios dela, oito palavras que mudaram para sempre a minha vida.

A Senhora Leonard, aquela professora bonita e cheirosa que eu adorava, disse suavemente: "Quem me dera que você fosse minha filhinha".

7

Barreiras à criatividade no sistema educacional brasileiro

Como salientamos anteriormente, vários são os fatores que cerceiam o desenvolvimento da criatividade na escola. Um deles é a ênfase exagerada na reprodução do conhecimento, aliada à prática de exercícios para os quais há uma única resposta correta. O espaço reservado para o aluno lidar com questões que possibilitem um leque de respostas distintas é bastante reduzido, e a sua curiosidade inata tem sido tolhida dadas as poucas oportunidades oferecidas em sala de aula para que expresse dúvidas, indagações e reflexões sobre o mundo que o rodeia. Isso contribui para que a escola seja percebida como aversiva por muitos alunos e não são raros aqueles, especialmente os oriundos de famílias de baixa renda, que vivenciam experiências frequentes de fracasso.

A ênfase exagerada na memorização tem refletido no desempenho em tarefas que requerem múltiplas respostas, como foi observado em um estudo que teve como objetivo investigar as respostas de crianças a testes de criatividade (ALENCAR[37]). Nestes, tarefas bem simples lhes foram apresentadas, como, por exemplo, sugerir usos diferentes para caixas de papelão, propor modificações em um pequeno animal de brinquedo ou fazer o maior número de desenhos a partir de círculos ou linhas paralelas. Os resultados obtidos indicaram que as crianças

---

37. ALENCAR, E.M.L.S. Um estudo de criatividade. *Arquivos Brasileiros de Psicologia*, vol. 26, n. 2, 1974, p. 59-68.

apresentavam um desempenho significativamente inferior ao de alunos norte-americanos da mesma idade e de outros países em que estes instrumentos vinham sendo utilizados, como Índia e Filipinas.

Sob esse mesmo enfoque, um teste com alunos brasileiros sobre usos criativos para o clipe de papel demonstrou que os melhores desempenhos no quesito fluência verbal eram oriundos das crianças mais novas. Repetido o teste com outro objeto e essa mesma amostra, cerca de sete anos depois, revelou-se uma queda significativa no número de respostas.

Entretanto, não é apenas em escolas brasileiras que o pouco espaço para a expressão e desenvolvimento da criatividade tem ocorrido. Land[38], no livro *Ponto de ruptura*, ressalta que testes realizados pela Nasa em um grupo de 1.600 jovens nos Estados Unidos revelou que 98% das crianças apresentaram um alto grau de criatividade quando tinham entre 3 e 5 anos. Aos 10 anos, o mesmo grupo, submetido a mais uma bateria de testes, apresentou apenas 30% do percentual inicial. Aos 15 anos, apenas 12% do mesmo grupo mantiveram altos índices de criatividade. De forma similar, Treffinger, Schoonover e Selby[39] e Kaufman, Beghetto e Pourjalali[40] sinalizam que os professores norte-americanos têm sido pressionados a assegurar o bom desempenho de seus alunos em testes obrigatórios nacionalmente padronizados. Por não estar a criatividade incluída nesses testes, tem havido menor incentivo à expressão da capacidade de criar do aluno em sala de aula. Para esses últimos autores, o mesmo ocorre em outros países, como China, onde a qualidade da educação tem sido também medida quantitativamente, não sendo as habilidades criativas um dos indicadores para mensurar a qualidade educacional. Com isso, a criatividade não tem recebido a atenção

---

38. LAND, G. *Ponto de ruptura e transformação*. São Paulo: Cultrix, 1990.
39. TREFFINGER, D.J.; SCHOONOVER, P.F.; SELBY, E.C. *Educating for creativity & innovation*. Waco, TX: Prufrock, 2013.
40. KAUFMAN, J.C.; BEGHETTO, R.A.; POURJALALI, S. Criatividade na sala de aula: uma perspectiva internacional. In: WECHSLER, S.M.; SOUZA, V.L.T. (orgs.). *Criatividade e aprendizagem*. São Paulo: Loyola, 2011, p. 53-72.

necessária nas disciplinas acadêmicas, embora haja consciência de sua importância. Nota-se que pesquisadores de diferentes países apontam o uso de práticas pedagógicas e de avaliação que contribuem para atrofiar o desejo dos estudantes de fazer uso de suas habilidades criativas e o consequente declínio da criatividade com o passar dos anos escolares.

Diversos indicadores mostram que o sistema educacional brasileiro necessita de reformulações estruturais. Entre os aspectos que o caracterizam está o reduzido espaço reservado para a fantasia, para a imaginação, para o jogo de ideias mesmo no jardim de infância, onde deveria ser sobremaneira cultivado. Fleith[41] (2007) observa que o raciocínio lógico e a expressão verbal costumam ser mais valorizados quando comparados à linguagem não verbal. Da mesma forma, estímulos visuais, táteis, olfativos e sinestésicos carecem de uma exploração mais efetiva por parte dos docentes de modo geral.

Constata-se ainda que, apesar de o professor ter uma influência marcante sobre o aluno, especialmente aquele que leciona para os primeiros anos escolares, muitos docentes não têm consciência da dimensão exata de sua influência. A grande maioria desconhece, por exemplo, que, dependendo de suas atitudes, do seu comportamento em classe, de suas expectativas em relação aos alunos, poderá tanto favorecer a aprendizagem, o entusiasmo pela busca de novos conhecimentos, contribuindo de forma significativa para o desenvolvimento social, cognitivo e afetivo do estudante quanto, pelo contrário, cercear este desenvolvimento, concorrendo ainda para tornar a aprendizagem um processo aversivo e doloroso. Segundo dados do MEC, com base no *Anuário da Educação Brasileira 2014*, ainda é significativa a taxa de evasão dos alunos em todas as séries. No Ensino Médio, chega-se a 11% de desistência já no primeiro ano. Pensar em recursos para manter o aluno em processo contínuo e prazeroso de sua aprendizagem é um desafio para a educação brasileira. A criatividade pode figurar como uma alternativa a ser incorporada pelo professor.

---

41. FLEITH, D.S. A promoção da criatividade no contexto escolar. In: VIRGOLIM, A.M.R. (org.). *Talento criativo*: expressão em múltiplos contextos. Brasília: UnB, 2007, p. 144-157.

Com relação a manter viva a criatividade infantil e favorecer o seu desenvolvimento, um aspecto que salta à vista diz respeito às dificuldades e/ou resistências dos educadores em manter em sala de aula um ambiente promissor à expressão da criatividade. Isso possivelmente se deve a vários fatores, como os relacionados a seguir:

1) Conteúdo e extensão do programa curricular

Qualquer um que folhear os livros de Ciências, de Geografia ou de História, adotados em escolas de todo o Brasil, ficará surpreso com a quantidade de informações – datas, nomes, conceitos e princípios – que o aluno deverá dominar durante o ano letivo. Um programa de tal extensão a ser coberto em um período curto de tempo sobrecarrega, sobretudo, a memória do aluno, o qual encontra na escola poucas oportunidades para desenvolver atividades exploratórias, testar ideias e fazer uso de seu potencial criador. Já nas séries iniciais, não raro encontram-se alunos que se dedicam a 12 disciplinas, mesmo em ocasiões em que a memorização não é mais a principal função exigida de um pensador crítico nos dias de hoje, em que o computador facilita o acesso a informações.

2) Visão tradicional do ensino

O ensino é visto, tradicionalmente, como a transmissão de informações, cabendo ao professor, com o auxílio do livro-texto, transmitir os conhecimentos que, por sua vez, constituem a matéria-prima a ser assimilada e aprendida pelo aluno. Segundo essa visão, se a matéria for clara, se o texto for bem escrito e o aluno receptivo, as informações contidas no livro serão adquiridas pelo estudante. É um ensino apoiado na motivação extrínseca e na avaliação por notas escolares. Os textos tendem a ser expositivos e informativos, e raras são as atividades propostas pelo professor que estimulam o educando a pensar e a raciocinar. A criança não é vista como construtora do conhecimento e a ênfase maior é na memória e não na compreensão. Mesmo com o advento das novas tecnologias, ainda há um grande potencial para que a interação professor-aluno aconteça, despertando o potencial criador de quem está na escola para, de fato, "aprender a aprender".

3) Ênfase exagerada na disciplina e "bom comportamento" do aluno

Para levar a cabo a sua tarefa de transmitir para o aluno os conhecimentos previstos no programa, de tal forma que seja capaz de reproduzi-los, exige-se que ele apresente certas características, como obediência e atenção. O aluno ideal, desejado pelos professores, é aquele que permanece quieto e atento ao que o professor está comunicando, respondendo as perguntas feitas pelo docente; caracteriza-se por não questionar, não criticar, não sugerir ao professor tópicos a serem abordados ou discutidos em classe. Este modelo de aluno ideal é mais um fator que conduz à uniformidade de comportamento, de pensamento e expressão, constituindo, ao mesmo tempo, uma barreira à diversidade e espontaneidade.

4) Baixas expectativas do professor com relação ao aluno

De modo geral, os professores têm baixas expectativas e pouca confiança na capacidade do aluno de ser responsável, independente e criativo, sendo ainda céticos com relação à ilimitada capacidade da criança para propor novas ideias e sugerir procedimentos alternativos para se alcançar a solução de problemas. Essas baixas expectativas tendem a se transformar em profecias autorrealizadoras, comportando-se os alunos de acordo com elas.

5) Cultura institucional predominante na escola

Embora o discurso dominante nas escolas seja de valorização da criatividade, a cultura típica da vasta maioria de instituições educativas não está em consonância com um ambiente promissor ao florescimento da criatividade. Princípios institucionais reticentes à inovação e à experimentação são a regra, encontrando os professores que buscam inovar as suas práticas pedagógicas oposição por parte de colegas de trabalho ou da direção da escola. Essa impõe normas de como o professor deve conduzir as atividades em classe, com ênfase na uniformidade do comportamento docente, dificultando ou mesmo impedindo o trabalho daqueles docentes que desejam colocar em prática projetos inovadores.

6) Formação limitada do professor no que diz respeito à criatividade e como promovê-la em sala de aula

É notório que criatividade não é um tema que tem recebido a devida atenção nos cursos de pedagogia e licenciaturas. Estratégias que podem contribuir para o desenvolvimento do potencial para criar não são foco de análise e discussão; o modelo de ensino predominante nesses cursos é o mesmo que está na contramão de uma proposta educacional voltada para o desenvolvimento do potencial para criar; crenças e ideias errôneas sobre criatividade são ainda muito frequentes entre professores, como, por exemplo, a forte associação entre criatividade e arte e a ideia de que a criatividade é um dom inato, não passível de desenvolvimento.

> Embora o cenário atual exija mudanças, iniciativas bem-sucedidas começam a ganhar visibilidade no cenário nacional. O site "Caindo no Brasil", criado pelo jornalista Caio Dib, tem mapeado iniciativas criativas em educação por todo o território nacional. Até fevereiro de 2015, 144 ações foram catalogadas. Em muitas delas, são as próprias crianças que sugerem os projetos e assuntos que desejam aprender e têm a liberdade de avisar quando estão em dificuldades para aprender algo. Em São Paulo, por exemplo, em alguns projetos, os professores são chamados de tutores, supervisionando crianças por ciclos de três anos. Nesses períodos, são checadas suas habilidades e são propostas atividades variadas. Sistemas multietários, liderança e criatividade são os pontos fortes desses programas que já acontecem hoje, com sucesso, por todo o país.

Procedimentos docentes que contribuem para o florescimento da criatividade

Embora vários sejam os fatores que se constituem em desafios ao professor para alavancar o desenvolvimento do potencial para criar de seus alunos, inúmeros são os procedimentos didáticos que contribuem para a criatividade florescer em sala de aula. Muitos deles concorrem também para assegurar um maior grau de motivação discente e caracterizam uma relação professor-aluno de boa qualidade. É desejável que o docente ouse e inove a sua prática pedagógica, utilizando estratégias que mobilizem o interesse do aluno, fazendo com que tenha prazer em aprender e em estar em sala de aula, algo que de modo geral não acontece com a frequência desejável. A título de sugestão, seguem exemplos de práticas que podem facilitar uma maior expressão da criatividade discente:

1) Dar chance ao aluno para levantar questões, elaborar e testar hipóteses, discordar, propor interpretações alternativas, avaliar criticamente fatos, conceitos, princípios, ideias. Além disso, o professor deve ter uma atitude de respeito pelas questões levantadas, independentemente de serem elas banais e irrelevantes ou "inteligentes" e bem formuladas.

2) Fazer uso do modelo de sala de aula invertida (*flipped classroom*) estimulando que o aluno conheça o conteúdo antes de vir para a aula, por meio de leitura de textos, videoaulas, *games* e, posteriormente, use o espaço da sala para compartilhar experiências.

3) Dar tempo ao aluno para pensar e desenvolver as suas ideias criativas, pois nem toda ideia mais criativa ocorre imediata e instantaneamente. Ensinar ao aluno que a criatividade é um processo e quanto mais se apropria do próprio jeito de criar, mais simples se torna essa tarefa.

4) Criar um ambiente de respeito e aceitação mútuos, onde os alunos possam compartilhar, desenvolver e aprender tanto uns com os outros e com o professor como também independentemente.

5) Estimular no aluno a habilidade de explorar consequências para acontecimentos imaginários e para outros que já ocorreram no passado ou que poderão ocorrer no futuro. Alguns exemplos de problemas que poderão ser propostos são:

• O que aconteceria se a Terra tivesse vários satélites naturais?

• Como seria o Brasil se tivesse sido colonizado pelos espanhóis?

• Quais serão as consequências do desmatamento indiscriminado das florestas brasileiras?

• Como seria o mundo hoje, caso os nazistas tivessem vencido a Segunda Guerra Mundial?

• O que aconteceria se toda a água do mundo acabasse?

• Como seria se o nosso planeta fosse duplamente mais quente do que é hoje?

(Em relação àquelas questões, como as duas últimas que se referem a questões ambientais inquietantes para os dias de hoje, desdobrar as respostas em campanhas de conscientização, debates e plenárias.)

6) Dar destaque ao que cada aluno tem de melhor, informando a cada um sobre os seus "pontos fortes".

7) Diversificar os procedimentos docentes utilizados em sala de aula.

8) Propor tarefas que sejam interessantes e significativas para os alunos.

9) Encorajar os alunos a refletir sobre o que eles gostariam de conhecer melhor, temas sobre os quais gostariam de realizar estudos e pesquisas.

10) Desenvolver nos alunos a habilidade de pensar em termos de possibilidades, de fazer julgamentos, de sugerir modificações e aperfeiçoamentos para suas próprias ideias e proposições.

11) Diante de um problema, deve permitir que os alunos sigam as diversas etapas do processo criativo, explorando e analisando os

diferentes aspectos de um problema em um primeiro momento, seguido por leituras, discussões, formulações de diferentes possibilidades e análise crítica das diferentes soluções propostas. Isso permitirá a emergência de uma possível solução mais adequada, a qual será, então, novamente testada e avaliada.

12) Nesse clima, o sentimento de ameaça e temor, tão frequente em muitas escolas, deve dar lugar a um desejo de arriscar, de experimentar e de manipular; o medo do fracasso e da crítica, tão comuns entre alunos, não deve existir. Ele implica uma sensação de liberdade para inovar e explorar, sem medo de avaliação.

13) Deve-se valorizar o trabalho do aluno, as suas contribuições e suas ideias. Muito raramente, ouve-se um professor dizer para um aluno: "Como você é capaz!" "Como a sua ideia é original!" "Como você é habilidoso!" "Como você escreve bem!" Por outro lado, sabemos que todo ser humano, seja criança, adolescente ou adulto, tem uma necessidade básica de ser aceito, de ser estimado, de ser valorizado, de ver as suas contribuições, os seus esforços, o seu ponto de vista, reconhecidos e valorizados; de perceber-se como tendo alguma habilidade especial.

14) Encorajar o aluno a escrever poemas, histórias, trabalhos artísticos, proporcionando um espaço para a divulgação dessa produção.

15) Proteger o trabalho criativo do aluno da crítica destrutiva e das gozações dos colegas.

16) Usar dos recursos mais adequados à manifestação da criatividade, condizentes com o que está ensinando no momento. Se a matéria for Língua Portuguesa ou Literatura não se estimula a criatividade simplesmente solicitando aos alunos para escrever sobre determinados temas e devolvendo posteriormente as redações com comentários positivos ou negativos. Para facilitar redações criativas, o professor deve fazer uso das mais variadas estratégias, possibilitando as crianças trabalhar com as ideias antes de colocá-las no papel. Alguns dessas estratégias seriam:

• Dar oportunidade aos alunos para desenvolver sua imaginação e elaborar ideias imaginativas com relação a um determinado tema proposto pelo professor ou pelo aluno.

• Estimular a aplicação de princípios para gerar novas ideias, como pensar em outros usos; adaptar; modificar; substituir; rearranjar; combinar etc.

• Encorajar a criação de ideias que sejam de toda a classe, antes de partir para um trabalho individual, onde as ideias do grupo possam ser aproveitadas.

• Não considerar disciplina como alunos sentados, quietos e de boca fechada. Aceitar a espontaneidade, a iniciativa, o senso de humor e a capacidade criadora como traços universais do homem, que não devem ser prescritos da sala de aula, mas devem antes ser cultivados.

• Não se deixar vencer pelas limitações do contexto em que se encontra, mas fazer uso dos próprios recursos criativos para contornar as barreiras e dificuldades encontradas.

Questões

• Em sua opinião, qual é a principal barreira ao desenvolvimento da criatividade na escola?
• O que se pode fazer para eliminar essa barreira?

8

Técnicas e programas de criatividade

A história nos conta (com uma generosa dose de licença poética, obviamente) sobre o episódio em que Cristóvão Colombo, durante um banquete em comemoração à descoberta da América, foi questionado por um cortesão sobre a singularidade de seus feitos. Sua resposta, bastante pragmática, foi propor aos presentes um desafio: colocar um ovo fresco em pé. Após vários tentarem (e falharem), Colombo apresentou uma solução simples: batendo de leve com o ovo contra a mesa, achatou sua parte inferior, permitindo que ele se equilibrasse em pé. A reação do cortesão foi imediata: exclamou que, procedendo daquela forma, qualquer um também conseguiria. Colombo respondeu que sim – realmente, qualquer um poderia ter feito o mesmo; porém, ninguém tivera a ideia de fazê-lo antes dele. E completou: tudo que é natural parece fácil, após conhecido ou encontrado.

No cap. 3, chamamos a atenção para uma ideia errônea (e infelizmente perpetuada com frequência, ainda) sobre a natureza da criatividade: a de que ela seria um dom divino, privilégio de poucos e, por isso mesmo, impossível de ser desenvolvida ou implementada. Falácia: o que as pesquisas têm mostrado, de fato, é que por meio de determinadas técnicas, programas e exercícios, qualquer indivíduo pode, em maior ou menor escala, desenvolver as suas habilidades criativas, apresentar respostas originais e alcançar soluções mais adequadas para os problemas enfrentados.

Mas, se tais recursos existem, então por que as pessoas ainda têm dificuldade para desenvolver seus processos criativos? Bem, há várias respostas para essa pergunta. Possivelmente, a mais óbvia é que a maioria das pessoas nunca foi introduzida a essas técnicas que, em geral, ainda são pouco conhecidas fora dos tradicionais "nichos criativos", como o meio artístico ou da publicidade. Mas há também a questão do senso comum e de como ele leva as pessoas a enxergarem e identificarem processos.

Boa parte de nosso aprendizado é adquirida por meio de emulação. Observamos uma sequência de procedimentos e, por meio de repetição, vamos construindo nossos referenciais de conhecimento para reproduzir sozinhos uma dada tarefa. Quando esses processos têm um objetivo claro e bem definido – como seguir uma receita para obter um prato, moldar uma peça de madeira de formato preestabelecido utilizando um torno ou resolver um cálculo matemático, por exemplo – é mais fácil enxergar as diversas etapas e entender como cada uma delas se conecta à seguinte – e isso acontece basicamente porque temos em mente o resultado a que queremos chegar.

Mas, e quando temos uma tarefa aberta, como criar uma história, encontrar um novo meio de fazer algo ou tentar melhorar um processo? Para o pensamento predominantemente cartesiano, sem um ponto de chegada objetivo, fica difícil entender qual o caminho a ser seguido. Com frequência, pessoas se veem assistindo a um filme original ou lendo um anúncio criativo e se perguntam como seus diretores ou redatores chegaram àquela ideia inusitada. E assim, como os cortesãos do banquete de Colombo, se questionam por que não pensaram elas mesmas naquelas ideias que agora parecem tão óbvias. O que foge à percepção delas é o fato de que muito provavelmente o criador chegou ao resultado apresentado não porque estava tentando chegar àquela ideia específica, mas porque estava em busca de *alguma* boa ideia. As técnicas utilizadas para desenvolver o raciocínio criativo têm essa mesma abordagem exploratória, cujo foco é levantar e avaliar possibilidades. Quando não se sabe aonde o caminho vai levar, é preciso focar na estrada.

Algumas técnicas serão aqui descritas e ilustradas com alguns problemas em cujas resoluções elas foram utilizadas.

Tempestade de ideias

Introduzida pelo publicitário e escritor Alex Osborn[42] (1965), esta é uma das poucas técnicas cujo nome soa familiar ao grande público e consiste basicamente em incentivar a expressão de quaisquer ideias que venham à mente, sem medo de críticas ou censura. Segundo Osborn, num processo de busca por soluções criativas a quantidade gera qualidade, e quanto maior o número de ideias propostas, maior a possibilidade de que sejam melhores e mais originais. Ao trabalhar com o princípio de julgamento adiado, esta técnica procura evitar os efeitos danosos de uma crítica prematura (como a desaceleração do ritmo e do volume de ideias produzidas) e burlar os bloqueios que impedem que os processos associativos aconteçam de forma plena, prejudicando, inclusive, a ação da imaginação.

Se na teoria o princípio de suspensão do julgamento é fácil de ser compreendido, na prática sua aplicação não é assim tão simples. O julgamento e a crítica são hábitos altamente arraigados na sociedade ocidental. Como consequência, a maioria das pessoas tende a demonstrar uma relutância natural em expressar livremente suas ideias – um reflexo do medo de cometer erros, talvez umas das principais barreiras à produção de ideias criativas.

Esse comportamento começa a se formar ainda durante o processo de socialização, quando a criança aprende a censurar suas ideias e a pensar duas vezes antes de expressar pensamentos que poderiam, a seu ver, ser objeto de censura, gozação ou crítica. Com o tempo, a criança tende a se tornar progressivamente mais crítica em relação às suas

---

42. OSBORN, A. *Applied imagination*. Nova York: Charles Scribner's, 1965.

próprias ideias, passando a apresentar apenas aquelas que tem certeza de que serão aceitas, e deixando de lado todas as outras, mais originais ou inusitadas.

Outra face desse comportamento se traduz na necessidade fundamental de ser aceito pelo grupo e de ter as suas ideias valorizadas pelos pares. Nessa busca pelo pertencimento, o indivíduo muitas vezes evita dar sugestões ou propor algo diferente, pois teme que algum membro do grupo encontre falhas em seu pensamento ou considere ridículas suas propostas, tendendo assim a descartar suas ideias, antes mesmo de apresentá-las.

Para romper essa resistência, é necessária uma predisposição do indivíduo a se expor sem medos, e um ambiente no qual ele se sinta completamente livre para explorar seus pensamentos e apresentar suas ideias, por mais ridículas, inusitadas, inapropriadas e inconvenientes que possam parecer à primeira vista.

A técnica de Tempestade de Ideias pode ser praticada tanto individualmente quanto em grupo, embora este último formato tenha se tornado mais frequente, provavelmente por ser considerado mais eficaz. Segundo Osborn, em um grupo, o número de ideias apresentadas por cada participante tende a ser maior do que quando trabalha isoladamente. Isso porque, quando se está em grupo, há troca de ideias e sugestões, que podem levar a variações e modificações das ideias originalmente apresentadas, trazendo à tona novas associações e possibilidades de pensamento. Ao longo desse processo, as primeiras respostas ao problema provavelmente serão mais comuns e rasas; mas à medida que as ideias forem sendo apresentadas, outras mais remotas, originais e de melhor qualidade aparecerão automaticamente.

Para que o processo funcione de forma fluida durante uma sessão de tempestade de ideias, algumas regras devem ser seguidas:

1) Nenhuma crítica deve ser feita durante o processo de geração das ideias. Elas devem ser apresentadas de forma livre, sem julgamentos.

2) Todas as ideias – mesmo as "loucas", inusitadas ou bem-humoradas – são válidas nesta etapa inicial. Ideias bizarras ou excêntricas podem "puxar" outras ideias.

3) Deve-se incentivar a produção da maior quantidade possível de ideias, porque a) ao tentar produzir um grande volume de ideias, os participantes se forçarão a perder menos tempo elaborando demais o que vão falar, e b) quanto mais ideias forem apresentadas, maiores as chances de surgirem coisas boas.

4) Ideias podem ser combinadas entre si ou aperfeiçoadas. Qualquer ideia apresentada por uma pessoa pertence a todos do grupo e pode ser usada para gerar novas ideias.

Uma sessão de tempestade de ideias deve criar um clima que favoreça a descontração e a liberdade de expressão, sem muitas formalidades que possam inibir a atuação dos participantes. A disposição em círculo ajuda a diluir qualquer percepção de hierarquia, dando a cada um o mesmo peso e importância, além de permitir que todos fiquem à vista do grupo. Isso é particularmente interessante para trazer a presença de todos para o processo, evitando que pessoas mais tímidas se esquivem de dar sua contribuição. Não existe uma ordem definida para se manifestar – todos podem expressar as suas ideias à medida que elas emergem. No entanto, para incentivar a participação de todos, pode ser interessante começar uma rodada inicial a partir de um voluntário e seguindo em sentido horário ou anti-horário, deixando cada um expressar a sua resposta para a questão trabalhada ao chegar a sua vez. Caso não tenha a sua resposta naquele momento, o membro seguinte do grupo deve emitir a sua resposta e assim sucessivamente. A combinação de duas ou mais respostas é também sempre aceita e encorajada. O estabelecimento de um limite de tempo também ajuda a estimular a manifestação de ideias, criando uma saudável e necessária dose de pressão, ainda que num contexto amigável.

Após uma sessão de tempestade de ideias, sugere-se uma avaliação em que se identifica a melhor (ou melhores) ideia, seguindo o procedimento apresentado no cap. 5 (juiz de ideias). Podem-se também formar pequenos grupos, de tal forma que os indivíduos possam continuar trabalhando com suas ideias, desenvolvendo-as, combinando-as, enriquecendo-as e implementando-as.

É importante enfatizar que esta é uma técnica que se aplica apenas a determinados problemas e momentos específicos do processo de busca de soluções. Sem uma etapa posterior de avaliação, tudo o que se tem é uma lista de ideias mais ou menos cruas, que podem ou não ser úteis. Também é importante lembrar que, sem um bom repertório, dificilmente um indivíduo conseguirá oferecer contribuições originais e relevantes. Quanto maior a quantidade, riqueza e qualidade das informações a respeito de uma determinada área, maior o número de inter-relações que poderá sugerir. Por essa razão, uma das etapas importantes no processo de se criar condições favoráveis à criatividade é dar condições ao indivíduo para expandir o seu campo de conhecimento, as suas experiências, estimulando ao máximo o seu desejo de conhecer, de explorar, de refletir a respeito e de questionar o conhecimento adquirido, paralelamente ao domínio das técnicas que favorecem a emergência de soluções criativas.

Embora na prática represente apenas uma parte do processo de solução de problemas, esta é uma técnica cuja popularidade se mostra totalmente justificada. Por um lado, porque realmente facilita a emergência de ideias em profusão. E, por outro, porque provou ter um efeito positivo sobre a personalidade das pessoas que a utilizam, ajudando-as a se tornarem mais conscientes de seu potencial criativo e mais confiantes em sua capacidade de lidar com problemas.

Em sala de aula, o professor poderá utilizá-la para estimular a imaginação da criança diante de problemas pouco comuns, como "O que aconteceria se a Medicina conseguisse dobrar o tempo de vida das pessoas?", ou "O que você faria se fosse capturado por um extraterrestre e fosse levado para o espaço?", ou ainda "Se toda água do globo terrestre acabasse repentinamente, que providências poderiam ser tomadas para garantir a vida sobre a face da Terra?" Isso poderia se aplicar às mais diversas áreas curriculares – e não se limitaria a situações hipotéticas, podendo ser utilizada para estimular reflexões sobre problemas concretos vividos na escola ou na sociedade. Por exemplo: o que poderia ser feito para tornar as aulas mais interessantes? Como diminuir o número de acidentes de trânsito em nosso país? Que medidas deveriam ser adotadas para evitar a poluição dos rios? Que soluções poderiam ser propostas para o problema da violência urbana? As possibilidades são infinitas.

Além de ajudar a quebrar a rotina em sala de aula (onde jogos e brincadeiras ainda são acontecimentos pouco frequentes), esse tipo de exercício dá ao aluno oportunidade de usar a imaginação dentro de um contexto (o de aprendizagem) que normalmente privilegia a formalidade e a normatividade, estimulando o pensamento divergente e estabelecendo um ambiente que encoraja a diversidade de ideias e onde são mínimas as sensações de ameaça e de medo de cometer erros.

Aplicando esta técnica em grupos de alunos e professores que participaram de programas de treinamento de criatividade conduzidos por nós, vários problemas já foram trabalhados, como os seguintes:

• Como solucionar o problema da violência? (As respostas dadas por um grupo de professores a este problema encontram-se no Quadro IV, no final deste capítulo.)

• Como manter a cidade limpa?

• Como elevar moralmente a sociedade?

• Como favorecer a aprendizagem daquele aluno que apresenta alguma dificuldade?

• Como lidar com o problema de drogas na escola?

Em um clima de receptividade a quaisquer respostas e onde a crítica esteja ausente, de modo geral, mais de 50 respostas distintas têm sido apresentadas por grupos de 10 a 15 participantes em uma sessão de 15 a 20 minutos.

Listagem de atributos

A técnica de listagem de atributos é frequentemente utilizada quando se busca aprimorar um produto, serviço ou ideia. Ela toma como ponto de partida características do objeto analisado (seus atributos) e simula diversos tipos de alterações a que esses atributos podem ser submetidos, imaginando quais seriam as consequências destas mudanças e como elas podem proporcionar soluções melhores. Para favorecer este processo foi desenvolvida uma lista de questões que torna mais fácil para o indivíduo visualizar e rearranjar aspectos de um problema. Os seguintes exemplos ilustram alguma dessas sugestões:

- **Modificar:** mudar significados, usos, movimentos, sons, odores, formas.
- **Aumentar:** O que pode ser acrescentado, multiplicado ou ampliado?
- **Diminuir:** O que pode ser eliminado? Condensado? Reduzido?
- **Substituir:** O que poderia substituir tal aspecto? Outro ingrediente? Outro material? Outro processo? Outra abordagem?
- **Adaptar:** O que mais é como isto? Que outras ideias isto sugere? O que oferece um paralelo?
- **Inverter:** Buscar os opostos; de trás para frente; às avessas.
- **Combinar:** ideias, objetivos, partes, cores, materiais etc.

Esta listagem torna mais fácil ao indivíduo elaborar um maior número de respostas. Ao utilizá-la para o problema de como tornar a cidade mais limpa, mais de 80 respostas distintas foram levantadas por um grupo de alunos que fizeram uso desta listagem. As seguintes respostas ilustram algumas das apresentadas:

- Aumentar a participação da população no cuidado da cidade.
- Aumentar o número de lixeiros.
- Aumentar a educação das pessoas.

- Aumentar o número de campanhas a favor da limpeza urbana.
- Aumentar a fiscalização relativa à poluição.
- Aumentar o saneamento básico da cidade.
- Aumentar o controle de natalidade da população de baixa renda.
- Aumentar o número de caminhões que lavam os logradouros públicos.
- Diminuir o número de produtos descartáveis.
- Diminuir o número de terrenos baldios.
- Diminuir a distribuição de folhetins de propaganda.
- Diminuir o número de habitantes em bairros muito povoados.
- Diminuir o número de ônibus desregulados.
- Diminuir a pobreza.
- Diminuir o número de embalagens.
- Modificar o estereótipo do gari (como alguém que ajuda e que faz bem à população).
- Modificar o sistema de limpeza urbana, tornando-o mais eficiente.
- Modificar a mentalidade da população com relação à limpeza e conservação da cidade.
- Adaptar a usina de lixo aos padrões brasileiros.
- Aumentar o número de produtos biodegradáveis.
- Aumentar a satisfação dos garis com relação a seu trabalho.
- Aumentar o número de banheiros públicos.

Relações forçadas

O ser humano tende a ser naturalmente conservador, sentindo-se mais confortável com o que lhe é familiar e evitando o que é diferente. Quando confrontado com algo que provoca estranheza, o cérebro tenta enquadrar esse elemento estranho nas matrizes e padrões que conhece.

Na busca de novas soluções para um dado problema, essa tendência pode ser utilizada a favor de produzir conexões. A técnica de relações forçadas se baseia nisso. Nesta, escolhem-se arbitrariamente duas palavras de soluções já apresentadas e se forçam combinações entre elas. Por exemplo: considerando o problema de como tornar a cidade mais limpa, seria apresentar algumas duplas de palavras, solicitando-se aos participantes para tentar estabelecer relações entre elas:

- Lixeiro e televisão (alguns exemplos de respostas a esta questão encontram-se no Quadro V, no final do capítulo).
- Educação e ônibus.
- Beleza e propaganda.
- Vizinhos e reciclagem.
- Sustentabilidade e conforto.

Matriz morfológica

Esta é uma técnica que requer a combinação de distintos parâmetros de um dado problema ou objeto para se chegar a novas soluções ou a um novo modelo de objeto. Tem sido utilizada tanto individualmente como em pequenos grupos. Em um primeiro momento, após selecionar, por exemplo, o utensílio a ser criado, digamos uma nova cadeira, propõem-se alguns parâmetros ou elementos referentes ao produto (p. ex., forma, finalidade, material, acessórios), registrando-os na parte superior de colunas. A seguir, relaciona-se em cada coluna o maior número possível de atributos que cada parâmetro poderá ter. Após esta etapa, examinam-se todas as possíveis combinações até encontrar aquela que melhor atenda ao interesse do indivíduo ou grupo. No Quadro III, são apresentadas as respostas de um grupo que utilizou a técnica em um programa de criatividade coordenado por nós.

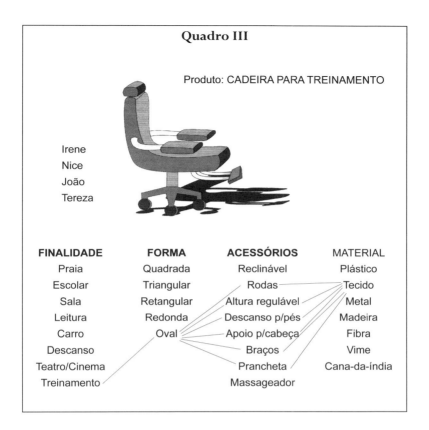

A técnica tem sido também utilizada na produção de textos criativos, como, por exemplo, redação de uma história. Treffinger, Schoonover e Selby[43] ilustram este uso, propondo como parâmetros: personagens (p. ex., Branca de Neve; Princesa etc.); local (p. ex., praia deserta; Marte; caverna etc.); obstáculo (p. ex., inundação; doença; assalto etc.); objetivo (p. ex., ganhar um prêmio; tornar-se famoso; encontrar um grande amor etc.). A seguir, escolhe-se ao acaso um elemento de cada parâmetro, construindo-se, então, de forma similar à técnica de relações forçadas, uma história.

---

43. TREFFINGER, D.J.; SCHOONOVER, P.F.; SELBY, E.C. *Educating for creativity & innovation.* Waco, TX: Prufrock, 2013.

Sinética

O termo origina-se da palavra grega *synechein*, que significa a criação de ligações entre elementos distintos de ligação aparentemente irrelevante (GORDON[44]), e designa uma técnica que procura desestabilizar as relações iniciais de percepção do indivíduo frente ao problema a ser resolvido. Isso é feito buscando transformar o que é estranho em familiar, e o que é familiar, em estranho, ajudando a quem está analisando o problema a vê-lo sob diferentes ângulos ou pontos de vista. Por meio de metáforas e analogias é possível alcançar uma melhor compreensão de um problema que seja estranho ou pouco familiar a quem o analisa, tornando-o mais próximo, e, consequentemente, mais susceptível a uma solução criativa. O processo também funciona na direção inversa: muitas vezes, a excessiva familiaridade com o problema pode dificultar a busca por soluções. Nesse caso, metáforas e analogias podem provocar estranhamento e, com isto, estabelecer o distanciamento necessário para que se possa conseguir uma visão melhor do problema e, consequentemente, uma solução criativa.

A técnica pode ser utilizada em pequenos grupos ou em um grupo maior. É comum, embora não obrigatório, que os participantes sejam especialistas em áreas de conhecimento relacionadas ao problema que está sendo analisado. Uma pessoa deve ser designada para coordenar a sessão, registrando todas as ideias. O primeiro passo então é definir o problema a ser trabalhado, especificando todas as informações que sejam pertinentes ou relevantes. Uma lousa, quadro-negro ou similar pode ser utilizado para deixar as informações bem à vista dos participantes. A partir da exposição do problema, o grupo vai identificar analogias e metáforas que ajudem na busca de novas soluções para o problema. Assim como em sessão de tempestade de ideias, toda ideia proposta é bem-vinda e não deve ser criticada ou tolhida.

Diferentes tipos de analogia são utilizados, produzindo soluções de naturezas diversas:

---

44. GORDON, W.J.J. Synectics: *The development of the creative capacity*. Nova York: Harper & Row, 1971.

Analogia por fantasia: parte de um olhar externo ao problema, e por meio de soluções fantásticas e até mesmo improváveis, buscam-se soluções ideais para o problema. Em um exemplo de um problema já trabalhado com este método foi pedido a crianças de uma sala de aula que pensassem em soluções ideais para transportar equipamentos pesados no parquinho da escola. As analogias por fantasia incluiriam respostas como usar elefantes, balões gigantes ou criaturas, como duendes, dotados de uma força extraordinária, para realizar tal tarefa.

Analogia direta: também partindo de um olhar externo, aqui pede-se aos participantes que busquem situações da vida real semelhantes à do problema, estabelecendo-se paralelos. Um exemplo deste tipo de analogia diz respeito a um programa de segurança no automóvel, que poderia ser abordado, perguntando-se como morcegos, peixes ou pássaros evitam chocar-se uns com os outros, indagando em seguida como estas ideias poderiam ser aplicadas para reduzir acidentes automobilísticos.

A principal diferença entre esta e a anterior é que as primeiras podem ser inteiramente fictícias, ao passo que na analogia direta devem-se fazer paralelos com problemas efetivamente existentes e solucionados na vida real.

Analogia pessoal: este tipo de analogia parte de um olhar subjetivo, estabelecendo uma identificação pessoal do participante com os elementos do problema, forçando-o assim a enxergar o problema sob um novo ponto de vista. O indivíduo se imagina como objeto com o qual está trabalhando, fazendo uma imersão em si mesmo em busca de respostas. Parte-se de perguntas que buscam colocar o participante na posição do elemento analisado. "Se você fosse um animal, uma planta, uma máquina, que tipo você seria?" Ou: "Como você se sentiria se fosse um carro? Um leão? Uma árvore? Um vulcão? Uma formiga?" etc. Um exemplo: se uma classe estivesse diante do problema de como manter as dependências de uma escola limpa, o estudante poder-se-ia imaginar como se sentiria como pedaços de papel, folhas de árvores jogadas pelo chão, perguntando-se como gostariam de ser retirados do chão e como poderiam ser colocados, antes, diretamente nas lixeiras.

Programas que utilizam histórias como recurso para desenvolver a criatividade

O hábito de sentar-se em torno de uma fogueira e compartilhar narrativas, relatos e memórias não se perpetuou ao longo da história do homem por acaso. O fato é que pessoas adoram histórias. Adoram contá-las e, sobretudo adoram escutá-las. É da natureza humana: você mostra uma foto, diz um nome, conta uma situação, e logo olhos e ouvidos se colocam atentos para saber tudo o que está por trás. Essa atração natural, longe de ser apenas curiosidade pueril, pode se tornar uma importante ferramenta para gerar interesse e engajamento. A publicidade já entendeu isso há algum tempo; David Ogilvy (famoso publicitário que moldou o modo como se fazia propaganda nos anos de 1950) cunhou o termo *story-appeal* para designar o tipo de propaganda que atraía a atenção do público ao contar ou sugerir histórias que instigavam a imaginação. Mas esse apelo não se restringe às páginas de revistas – ele tem um papel importante para o ensino, e não somente nas aulas de História, como se poderia supor.

Muitas vezes nossos processos exploratórios são mediados. É como quando perguntamos para uma pessoa para que time ela torce ou qual seu filme preferido: não queremos saber sobre um grupo de jogadores ou sobre um roteiro, mas sim um pouco sobre como aquela pessoa pensa. Histórias podem ser mediadores interessantes, porque, ao mesmo tempo em que criam atenção, trazem à tona situações que podem ser utilizadas para produzir reflexão ou mesmo criar paralelos com situações próximas.

Desde os anos de 1970, vários programas de criatividade utilizando histórias como recurso para favorecer o desenvolvimento das habilidades criativas foram propostos e avaliados em numerosas pesquisas. Um deles é o Programa de Pensamento Produtivo (NICKERSON[45]), e inclui histórias de mistérios, acompanhadas de problemas a serem resolvidos em cada uma delas. Os alunos acompanham os passos dos per-

---

45. NICKERSON, R.S. Enhancing creativity. In: STERNBERG, R.J. (org.). *Handbook of creativity*. Nova York: Cambridge University Press, 1999, p. 392-430.

sonagens das diversas histórias, por meio dos problemas enfrentados por eles e ajudando-os a propor soluções. Um outro é o Programa de Pensamento Criativo de Purdue, que foi objeto de várias pesquisas não só nos Estados Unidos, mas também no Brasil. Foi desenvolvido por Feldhusen[46] e reúne 28 histórias sobre grandes inventores, cientistas e descobridores, como Pasteur, Cristóvão Colombo, Marconi, Alexandre Fleming, Bolívar, Graham Bell, Fernão de Magalhães. Sua utilização em sala de aula busca criar um clima de interesse e envolvimento por parte dos alunos baseado no apelo natural das histórias, tornando a atividade em sala prazerosa e estimulante. As histórias utilizam situações extraídas de cada uma delas.

Apresentamos a seguir partes de uma história deste programa, com um de seus exercícios:

Alexandre Graham Bell e o telefone

Nas últimas décadas do século XIX, a maior parte do povo acreditava que as invenções no campo das comunicações já haviam chegado a seu ponto final. Nos Estados Unidos, o telégrafo de Samuel Morse cobria parte do oeste do país. Um cabo transatlântico se escondia desde esse país até a Inglaterra. Usando os pontos e traços do código Morse, era possível enviar mensagens em apenas poucos minutos para pessoas que se encontravam do outro lado do oceano.

Mas nem todos estavam satisfeitos com tais invenções. Alguns poucos acreditavam que era possível ainda um tipo de invenção que permitisse a transmissão da voz de uma pessoa através de uma corrente elétrica. Mas a ideia de se transmitir a voz humana através de um fio era algo fantástico que somente poderia ocorrer no pensamento de poucas pessoas.

Entretanto, para um professor da Inglaterra, a ideia de se enviar uma voz através de um fio elétrico era algo interessante e desafiador. Este professor se chamava Alexandre Graham Bell e seu pai e avô tinham sido famosos professores de crianças surdas...

---

46. FELDHUSEN, J.F. The Purdue Creative Thinking Program. In: SATO, I.A. (org.). *Creativity research and educational planning*. Los Angeles: Leadership Training Institute for the Gifted and Talented, 1983, p. 41-46.

Quando se tornou rapaz, seu pai o enviou para o Canadá na esperança de que talvez o clima canadense pudesse favorecer a saúde precária de seu filho Alexandre. E assim, na província de Ontário, no Canadá, Alexandre se estabeleceu. Ele recebeu um convite para ser professor de crianças surdas, usando os métodos de seu pai. Foi também convidado a fazer experiências e descobrir mais a respeito de como as pessoas ouvem e falam. Sua fama chegou até os Estados Unidos e Bell foi convidado para ir para Boston ensinar e continuar seus estudos. Isso aconteceu em 1872.

Bell montou um laboratório em Boston. Ele estava interessado em som. Como o som viajaria através do ar? Como as pessoas eram capazes de produzir sons e com eles formar palavras? Poderia uma máquina imitar a voz de alguém? Tais perguntas e muitas outras, Bell tentou responder...

Um ano depois, ele inventou uma máquina estranha a que chamou "telefone". Esta realmente simples. Uma pessoa falava em uma antena. A antena transformava o som até uma folha fina chamada membrana. A membrana enviava o som para uma máquina elétrica. A máquina, então, transformava o som em uma corrente de eletricidade, a qual seguia através de um fio para um receptor no outro lado. Tal máquina parecia que ia levar a bons resultados...

No dia 10 de março de 1876, Bell estava pronto para dar a seu novo telefone o teste final. Ele o ligou entre o seu laboratório e o seu quarto e pediu a Watson para permanecer no quarto. Em seguida, foi até outra extremidade, pegou o receptor e transmitiu a primeira mensagem. Essa foi muito simples: "Senhor Watson, venha cá, eu desejo falar com você".

Os sons foram ouvidos claramente. Watson, junto ao receptor, ouvira a voz de Alexandre Graham Bell. O telefone tinha sido inventado.

Mas o trabalho ainda não tinha sido terminado. Primeiro Bell teve de convencer os outros de que seu telefone realmente funcionava.

Naquele ano, ocorreu uma importante reunião em Filadélfia. Invenções científicas estavam em demonstração e muitos cientistas famosos tinham ido à Filadélfia para vê-las. O Prof. Bell levou também seu telefone. Mas ninguém prestou muita atenção a ele. Por acaso, um número grande de cientistas entrou na sala onde Bell estava mostrando seu novo invento. Liderando o grupo, ia o imperador do Brasil, D. Pedro. Este já tinha se encontrado com Bell anteriormente e já havia visto alguns trabalhos com os surdos desenvolvidos por Bell.

"O que você tem por aqui, Prof. Bell?, perguntou o imperador. Bell explicou, então, sua invenção para o imperador e cientistas reunidos. D. Pedro segurou o receptor e Bell foi para o transmissor de outro lado da sala. De repente, o imperador ficou maravilhado: "Isto funciona realmente. Eu estou escutando perfeitamente". Esta demonstração convenceu o grupo de cientistas...

Então, veio o problema de se convencer o público de que um telefone era algo útil... Poucos, entretanto, estavam interessados em comprá-lo. Eles simplesmente não podiam ver que utilidade um telefone poderia ter. Muitos achavam que um telefone não era nada mais que um brinquedo interessante...

Exercício: com a ajuda de algumas pessoas, Bell fundou uma companhia para vender seu telefone, mas poucas pessoas estavam interessadas em comprá-lo. Eles simplesmente não podiam imaginar o uso que o telefone poderia ter. Muitos viam o telefone apenas como um brinquedo interessante, mas você sabe que o telefone tem muitas utilidades. Faça uma lista com o maior número de usos que o telefone pode ter.

Quadro IV

Como solucionar o problema da violência? (abaixo, algumas respostas dadas por um grupo de professores em uma sessão de tempestades de ideias)
- Aumentar a oferta de empregos.
- Criar as crianças com mais carinho.
- Construir prisões agrícolas.
- Destruir todas as armas do planeta.
- Melhorar a distribuição de renda.
- Cultivar a harmonia no lar.
- Promover programas de recuperação dos presos.
- Amparar o menor abandonado.
- Ter maior confiança nas relações interpessoais.
- Conscientizar a pessoa da responsabilidade que tem sobre si mesma.

- Possibilitar horário integral na escola para os alunos necessitados.
- Promover a valorização da vida.
- Diminuir o egoísmo das pessoas.
- Ter mais psicólogos nas escolas.
- Ter a educação como prioridade nacional.
- Promover campanhas nos meios de comunicação, pregando amor e paz.
- Ter maior respeito pelas ideias dos outros.
- Aceitar as diferenças individuais e as nossas limitações.
- Elevar a qualidade educacional do povo.
- Promover mais diálogo e maior liberdade de expressão.
- Humanizar as áreas urbanas.
- Diminuir a competição.
- Criar terapias comunitárias.
- Acabar com a Febem e congêneres.
- Possibilitar a todos muitas formas de lazer.
- Resgatar na família a fé em Deus.
- Preservar a natureza.
- Acabar com a impunidade.
- Dar à mulher a possibilidade de se realizar profissionalmente e como mãe.
- Seguir os "Estatutos do Homem".
- Implementar creches junto ao local de trabalho da mãe ou do pai.
- Aumentar o número de escolas gratuitas.
- Apresentar "bons" modelos para as crianças e jovens.
- Possibilitar a prática de esportes por todos.
- Educar o povo no trânsito.
- Promover a censura de programas onde predomina a violência.
- Proibir o porte de armas.
- Ter um bom programa de educação sexual nas escolas.
- Promover menor exploração das pessoas.

Quadro V

Relações forçadas entre LIXEIRO e TELEVISÃO na busca de soluções para o problema de como tornar a cidade mais limpa (abaixo, algumas respostas dadas por um grupo de alunos):

• Preparar um programa de televisão sobre o trabalho do lixeiro.

• Mostrar na televisão alguns produtos que os lixeiros recolhem e que poderiam ser reaproveitados.

• Informar a população pela televisão sobre a forma adequada de se deixar o lixo para facilitar o trabalho de transporte do mesmo pelos lixeiros.

• Passar um programa na televisão sobre como conservar a cidade limpa, de tal forma a diminuir os serviços dos lixeiros.

• Preparar um programa educativo a ser veiculado na televisão com objetivo de preparar os lixeiros para que estes executem com maior eficiência e segurança o seu trabalho.

• Divulgar por meio da televisão alguns produtos que os lixeiros vêm recolhendo e que são altamente poluentes.

• Preparar um programa de televisão mostrando como o trabalho dos lixeiros em países desenvolvidos tem sido facilitado por certos hábitos da população quanto à preservação do meio ambiente.

• Fazer uma pesquisa junto à população sobre como facilitar o trabalho dos lixeiros, passando os seus principais resultados em um programa de televisão.

9

Imaginação e o uso de imagens sensoriais

A imaginação, devaneio e fantasia fazem parte da experiência de todo ser humano, sendo mesmo um dos recursos mais valiosos que o homem dispõe para sobreviver psicologicamente em circunstâncias adversas. Exemplos que ilustram o seu uso em situações de extrema adversidade, como as enfrentadas por prisioneiros, confinados em campos de trabalho forçado, prisões ou solitárias em total isolamento, foram apresentados por Csikszentmihalyi[47], no livro *Psicologia da felicidade*. O autor relata o caso de um prisioneiro na Alemanha durante a Segunda Guerra Mundial, que se imaginava viajando a pé de Berlim até Jerusalém, visualizando as paisagens e antevendo os acontecimentos nesse percurso. Cita uma ceramista russa que esteve detida por razões políticas por mais de um ano em uma prisão de Moscou, que se imaginava jogando xadrez consigo mesma e mantendo conversas imaginárias em francês. Lembra Solzhenitsyn, escritor russo laureado com o Prêmio Nobel de Literatura, que deixou registrado o seguinte relato:

> Algumas vezes, quando eu estava parado numa fileira de desalentados prisioneiros, em meio aos gritos dos guardas armados, sentia um afluxo tão grande de rimas e imagens que parecia estar sendo suspenso até ficar flutuando no céu... nesses momentos eu era livre e feliz... alguns prisioneiros tentavam escapar atirando-se contra o arame farpado. Para mim, não havia arame farpado.

---

47. CSIKSZENTMIHALYI, C. *A psicologia da felicidade*. São Paulo: Saraiva.

A contagem dos prisioneiros continuava igual, mas eu realmente estava longe, num voo distante (p. 137).

O papel da imaginação em descobertas científicas tem sido também apontado, como constatado em um estudo com pesquisadores. Esses argumentaram ser necessário imaginar o que necessita ser descoberto, antes que a descoberta ocorra (ROOT-BERNSTEIN; ROOT-BERNSTEIN[48]). Com base em suas investigações, lembram Root-Bernstein e Root-Bernstein[49], ser a imaginação necessária tanto nas ciências como nas artes, sublinhando que cientistas e artistas utilizam ferramentas comuns para o pensamento, entre elas a imaginação, além da observação, abstração e uso de analogias.

O lugar de destaque que a imaginação deve ter no processo educacional foi pontuado por diversos autores, entre eles Vygotsky[50] e Jersild[51]. É notório que Vygotsky foi um dos primeiros estudiosos da criatividade a dar destaque à imaginação. Uma síntese de suas contribuições é apresentada por Smolucha[52], com base na análise de textos do Vygotsky, nos quais as quatro principais características da sua teoria de imaginação criativa são detalhadas, a saber:

1) A imaginação se desenvolve a partir da brincadeira infantil.

2) A imaginação se torna uma função mental superior e como tal é um processo de pensamento conscientemente direcionado.

3) Na adolescência, a imaginação criativa se caracteriza pela colaboração da imaginação e do pensamento em forma de conceitos.

---

48. ROOT-BERNSTEIN, M.; ROOT-BERNSTEIN, R. Imaginary worldplay in childhood and matury and its impact on adult creativity. *Creativity Research Journal*, v. 18, n. 4, 2006, p. 405-426.
49. ROOT-BERNSTEIN, R.; ROOT-BERNSTEIN, M. Artistic scientists and scientific artists: The link between polymathy and creativity. In: STERNBERG, R.J.; GRIGORENKO, E.L.; SINGER, J.L. (orgs.). *Creativity* – From potential to realization. Washington, DC: American Psychological Association, 2004, p. 127-151.
50. VYGOTSKY, L.S. *La imaginación y el arte en la infancia* – Ensayo psicológico. 3. ed. Madri: Akal, 1996.
51. JERSILD, A. *Psicologia da criança*. Belo Horizonte: Itatiaia, 1971.
52. SMOLUCHA, F.C. A reconstruction of Vygotsky's theory of creativity. *Creativity Research Journal*, vol. 5, n. 1, 1992, p. 49-67.

4) A colaboração entre imaginação e pensamento sob forma de conceitos se expressa na criatividade artística e científica na vida adulta (p. 49-50).

Por outro lado, Jersild sublinha o papel crucial da imaginação nas diversas esferas no desenvolvimento infantil: emocional, social, motor, além do intelectual:

> Através do faz de conta, dos devaneios e de outras atividades da imaginação, é a criança capaz de ampliar enormemente a extensão do seu mundo. Na sua imaginação, salta ela as fronteiras do tempo e do espaço e consuma façanhas que passam dos limites da sua força real. A imaginação de uma criança desempenha um papel importante em todos os aspectos do seu desenvolvimento. Na esfera intelectual, é ela capaz de, graças à imaginação, experimentar, explorar, manipular ideias, sem ficar presa pelas regras da lógica. Na esfera emocional, pode dar vazão a seus desejos, temores, esperanças e impulsos agressivos. Frequentemente, emprega a imaginação no seu desenvolvimento social, pois grande parte das suas brincadeiras com outras crianças se desenrola em cenários imaginários. E há também uma interação entre a atividade imaginativa da criança e seu desenvolvimento motor: muitas habilidades importantes são adquiridas ou praticadas em atividades lúdicas, nas quais há elevado conteúdo imaginativo, como, por exemplo, no brinquedo com bonecas e no de dona de casa. Muitas vezes, o faz de conta proporciona o contexto ou a finalidade, quando a criança pratica atividades motoras, tais como subir em árvores ou muros, nadar ou andar de bicicleta (p. 358).

Ainda com relação à fantasia e imaginação, os seguintes aspectos devem ser salientados. O primeiro deles diz respeito ao fato de que sonhar acordado é algo comum na vida de todo ser humano: sonha-se com o que se gostaria que acontecesse, vive-se no sonho papéis imaginários e a satisfação de muitos desejos negados na vida real é alcançada em nível de imaginação.

O segundo aspecto refere-se ao fato de que a fantasia e a imaginação, tão presentes no jogo e na brincadeira infantil, tendem a ser vistas como algo que não deve ser cultivado, sendo mesmo motivo de preocupação para muitos agentes socializadores. Um exemplo seria a existência de um amigo imaginário, que às vezes é interpretada como algo a ser banido, embora seja uma experiência frequente, que costuma ocorrer entre os três e os dez anos, e que tem a vantagem de favorecer à criança lidar com as suas emoções e fontes de ansiedade e medo. A primeira autora deste livro já ouviu inclusive relatos de professoras de crianças bem novas, na faixa de quatro a cinco anos, que refletem temor de que fantasias persistentes relativas a personagens imaginários assumidos pela criança possam constituir indício de um possível distúrbio psicológico a ser apresentado em anos posteriores.

O treino da realidade começa, porém, bem cedo e a imaginação, muitas vezes, é reprimida. Mesmo nos anos da Educação Infantil, a ênfase tem sido cada vez mais no sentido de se transmitir informações factuais e o espaço para o jogo e para a brincadeira tem se reduzido de uma forma significativa.

Ademais, é comum a criança, desde o seu primeiro ano de vida, ser exposta aos produtos da imaginação de outros, assistindo de forma passiva e pouco participativa, por horas seguidas, a programas de televisão. Entretanto, mesmo sendo de caráter educativo, a exposição excessiva a eles interfere negativamente em diversas facetas do desenvolvimento, como atestam pesquisas (CUMINALE[53]).

O terceiro aspecto é que, de modo geral, os professores ignoram e desconhecem a extensão em que a criança faz uso de sua fantasia e imaginação. Não é raro, ao se solicitar a docentes do Ensino Fundamental para descrever as principais características de seus alunos, eles se lembrarem de traços, como atenção, facilidade para aprender, popularidade ou, pelo contrário, fazerem referência ao desinteresse, apatia, inquietação ou agressividade. A independência de pensamento, origi-

---

53. CUMINALE, N. Uma bela sinfonia pueril. *Veja*, ano 48, n. 2, 2015, p. 81-87.

nalidade e espontaneidade muito raramente são apontadas. Poucos são aqueles que destacam ainda a curiosidade da criança ou a sua imaginação e fantasia. É notório que, em uma pesquisa em que foram investigados, entre outros aspectos, os interesses e características de 140 alunos de 2º e 3º anos do Ensino Fundamental, constatou-se que 90% das crianças responderam afirmativamente ao item "eu tenho muita imaginação"; 84% ao item "eu gosto de sonhar acordado e fazer planos para o futuro" e 91% informaram ainda que gostavam de inventar jogos, brincadeiras, histórias ou poemas (ALENCAR; FLEITH; SHIMABUKURO; NOBRE[54]). Muitos destes alunos eram vistos, porém, por seus professores como apáticos, desatentos e desinteressados, fruto possivelmente da dinâmica em sala de aula e do programa curricular. Este tinha como objetivo principal a transmissão de conhecimentos, com ênfase na atenção e memória e que, em sua grande maioria, eram muito distantes dos interesses e experiências daquele grupo de alunos. A matéria era de modo geral apresentada de uma forma mecânica e pouco atraente, considerando os professores que as condições ótimas para a aprendizagem implicavam silêncio, atenção e repetição de conteúdo.

As imagens sensoriais

No curso do desenvolvimento humano, antes do uso da palavra, a imagem desempenha um papel central. Alguns estudiosos desse processo propuseram tipos distintos de representação nos primeiros estágios do desenvolvimento. Bruner, por exemplo, chamou de *representação enativa* aquela presente em crianças muito novas, com idade variando do nascimento a um ano e meio a dois anos, período em que a criança representa os acontecimentos por meio de respostas motoras. A representação icônica, que se realiza em termos de imagens, predominaria na idade

---

54. ALENCAR, E.M.L.S.; FLEITH, D.S.; SHIMABUKURO, L.A.; NOBRE, M.A. Efeitos de um programa de treinamento de criatividade para professores do ensino de 1º Grau nas habilidades de pensamento criativo do aluno. *Revista Interamericana de Psicologia*, vol. 21, n. 1, 1987, p. 56-71.

entre dois e quatro anos. Esta antecederia a representação simbólica, que se processa por meio de símbolos verbais.

As imagens continuam, porém, frequentes não apenas como parte do pensamento de crianças mais velhas e adolescentes, mas, como sublinhado anteriormente, também nos processos de pensamento de cientistas, que reconhecem o seu papel em suas descobertas. Há numerosos registros especialmente de imagens visuais e auditivas por parte de pesquisadores, escritores, compositores e artistas plásticos, apontados como peças-chave para a produção criativa. Um dos exemplos clássicos é o de Einstein, que se visualizava balançando em um raio de luz viajando na velocidade da luz através do universo. As palavras não representavam um papel central em seu pensamento, mas antes sinais e imagens mais ou menos claras que podiam ser reproduzidas e combinadas voluntariamente. Na própria descoberta da Teoria da Relatividade tiveram as imagens visuais um papel fundamental (JOHN-STEINER[55]; MILLER[56]). De forma similar, Max Planck, físico alemão laureado, como Einstein, com o Prêmio Nobel, sublinhou que uma imaginação intuitiva vívida é algo presente em cientistas que se destacam por suas produções criativas, uma vez que as novas ideias não são geradas por dedução, mas por uma imaginação artisticamente criativa (SIMONTON[57]). No que diz respeito a imagens auditivas, o relato a seguir ilustra a sua presença, fenômeno comum em compositores: "O mais perfeito instrumento musical no mundo é a mente do compositor... Este pode ouvir não apenas o som de qualquer instrumento ou combinação de instrumentos, mas também um quase infinito número de sons que não pode ainda ser produzido por qualquer instrumento" (compositor Henry Cowell, apud ROOT-BERNSTEIN; ROOT--BERNSTEIN, p. 139[58]).

---

55. JOHN-STEINER, V. Notebook of the mind – Explorations of thinking. Nova York: Perennial.
56. MILLER, A.I. Imagery and intuition in creative scientific thinking: Albert Einstein's invention of the special theory of relativity. In: WALLACE, D.B.; GRUBER, H.E. (orgs.). Creative people at work. Nova York: Oxford University Press, 1989. p. 171-187.
57. SIMONTON, D.K. Fields, domains, and individuals. In: MUMFORD, D. (org.). Handbook of organizational creativity. São Diego: Elsevier, 2012. p. 67-86.
58. ROOT-BERNSTEIN, R.; ROOT-BERNSTEIN, M. Artistic scientists and scientific artists: The link between polymathy and creativity. In: STERNBERG, R.J.; GRIGORENKO, E.L.; SINGER, J.L. (orgs.). Creativity – From potential to realization. Washington, DC: American Psychological Association, 2004, p. 127-151.

Também na hipnose, uma das técnicas mais antigas da psicologia para reativar experiências "esquecidas", têm as imagens um papel central. Como se sabe, por meio desta técnica, buscam-se as imagens retidas de experiências e acontecimentos "perdidos" na memória, trabalhando-se, então, o conteúdo emocional destes acontecimentos.

De forma similar, no sonho, é a imagem um fator central. Há indicações de que, em média, uma pessoa tem quatro ou cinco sonhos toda noite. Embora muitos não consigam se lembrar de seus sonhos, há alguns dados sugerindo que durante 20% da noite todo indivíduo permanece projetando imagens (sonhos), sendo este um processo automático (BAGLEY[59]).

Outros tipos de imagens sensoriais que poderiam ser lembrados aqui, além das visuais e auditivas (quem nunca passou pela experiência de ter uma determinada canção "martelando" no ouvido), são as gustativas, olfativas, táteis e um tipo especial de imagem visual – as imagens eidéticas, que são imagens dotadas de uma clareza extrema. Esta clareza é tão intensa que o indivíduo é capaz de examinar e descrever os detalhes da imagem, como se a mesma não existisse apenas em sua mente, mas tivesse ele à sua frente uma fotografia.

Há numerosas publicações, que incluem exercícios com imagens sensoriais. Um deles, de autoria de De Mille[60] (*Ponha a sua mãe no teto*) descreve inúmeros jogos para crianças, no sentido de que elas continuem a fazer uso de suas imagens sensoriais e de sua imaginação durante os anos de escola. Segundo De Mille, é necessário que a criança aprenda que há momentos para a fantasia e momentos para a realidade, e que tanto uma como outra tem o seu valor. Lembra que o treino da realidade frequentemente põe uma ênfase exclusiva na aprendizagem de regras e na memorização de fatos. Tal treino desencoraja o pensamento criativo e inventivo e a prática do julgamento. É possível, porém, a pessoa cultivar habilidades distintas, permanecendo intuitiva,

---

59. BAGLEY, M.T. *Using imagery in creative problem solving*. Nova York: Trillium, 1987.
60. DE MILLE, R. *Put your mother in the ceiling* – Games for children's imagination. Nova York: The Viking Press, 1976.

imaginativa e flexível, sem perder o domínio da razão, a capacidade de comunicar com precisão e o controle emocional.

Parte de um dos jogos sugeridos pelo autor para a criança fazer uso da imaginação é reproduzida a seguir:

> Este jogo se chama TEATRO
> Vamos imaginar que nós temos um teatro.
> Vamos fazê-lo um grande teatro, com muitas cadeiras.
> Tem uma cortina vermelha pendurada na frente do palco. Mude a cor da cortina para verde.
> Coloque muitas pessoas sentadas nas cadeiras, olhando para a cortina.
> Você é uma dessas pessoas.
> Faça abrir a cortina.
> Faça uma garota andar para a frente do palco.
> Faça as pessoas do auditório baterem palmas.
> Faça a garota cantar uma canção.
> Faça o auditório bater palmas novamente.
> Faça a garota deixar o palco.
> Veja-se agora no palco, olhando para o auditório.
> Repare nas luzes brilhando à sua frente.
> Diga "boa tarde" para o auditório.
> Agora faça com que as pessoas batam palmas.
> Cante uma canção para elas.
> Faça elas baterem palmas durante muito tempo.
> Você gostou da forma como foi aplaudido?
> Agora, faça-as ficar em silêncio.
> Conte uma longa história.
> Faça com que elas escutem cuidadosamente.
> Faça com que elas gostem da história.
> Faça com que elas desejem lembrá-la para contar a seus amigos, após voltar para casa...

Inúmeros jogos como este, utilizando temas diversos, são apresentados por De Mille em seu livro. Eles podem ser lidos por uma pessoa da família ou pela professora para uma criança sozinha ou para um grupo de crianças.

Um exercício similar é apresentado a seguir. Ele é da autoria de Bagley, que escreveu um texto sobre o uso de imagens na resolução criativa de problemas, com numerosas atividades que requerem o uso de imagens sensoriais. Já foi utilizado pela primeira autora deste livro em numerosos programas de criatividade para adolescentes e adultos, com resultados surpreendentes.

O grande sábio

Sente-se em uma posição bem confortável.

Relaxe, procurando uma posição confortável para os seus braços e para suas pernas.

Preste atenção em sua respiração.

Respire profundamente, puxando o ar para os pulmões. Agora expire lentamente.

Agora imagine que você esteja fora da cidade, vendo à sua frente, a uma certa distância, uma montanha.

Lentamente, caminhe em direção a esta montanha.

O dia está maravilhoso. A paisagem é exuberante e você não tem pressa de chegar à montanha.

Você continua caminhando.

Aprecie a paisagem maravilhosa que se encontra a seu redor.

Agora você está chegando ao pé da montanha.

À sua frente, há uma trilha. Ela foi criada especialmente para você.

Você segue por esta trilha lentamente.

Agora você está subindo em direção ao cume da montanha.

Sinta a vegetação que está sob os seus pés.

Pare um minuto para observar a natureza.

Veja a distância que você já percorreu.

Respire fundo, sinta o perfume das flores que paira no ar.

Preste atenção nos sons que chegam até você.

Você continua subindo sem cansar.

Agora você está bem próximo das nuvens.

Predomina em você um sentimento de prazer diante da beleza e tranquilidade da natureza.

Lentamente você se movimenta através de uma massa leve de nuvens.

Agora você já está em cima das nuvens e sobe cada vez mais.

Lentamente você chega ao cume da montanha.

À sua frente, não muito distante de onde você se encontra, há uma pessoa sentada em uma cadeira. Esta pessoa é um grande sábio.

Veja esta pessoa claramente. Examine-a em todos os seus detalhes.

Agora escute a mensagem que o sábio diz para você.

Vire e comece a sua caminhada de volta.

À medida que você caminha, você é dominado por uma sensação de muita leveza e tranquilidade.

Uma sensação de extremo bem-estar domina todo o seu ser.

Continue a descer lentamente.

Há um sentimento de muita paz, de muita serenidade.

Daqui a pouco você alcançará a base da montanha.

Você está chegando ao fim de sua jornada.

Deixe a área da montanha, trazendo com você todas as imagens e sentimentos vivenciados.

- Qual foi a mensagem que você recebeu?
- Descreva a imagem mais vívida que você teve.
- Descreva detalhadamente o sábio com quem você se encontrou.

Também Virgolim, Fleith e Neves-Pereira[61], no livro *Toc, toc... Plim, plim. Lidando com as emoções, brincando com o pensamento através da criati-*

---

61. VIRGOLIM, A.M.R.; FLEITH, D.S.; NEVES-PEREIRA, M.S. *Toc, toc... Plim, plim* – Lidando com as emoções, brincando com o pensamento através da criatividade. 13. ed. Campinas: Papirus, 2012.

vidade, descrevem vários exercícios referentes às diversas modalidades de imagens. Todos eles, de caráter lúdico, alargam os horizontes daqueles que deles participam, trazendo à tona a expressão da capacidade inventiva, imaginativa, criadora, que muitas vezes permanece adormecida no contexto da escola.

Outros exercícios com imagens sensoriais[62]

Antes de começar estes exercícios, procure uma posição confortável e um local tranquilo, onde haja a menor interferência possível.

I – Imagens visuais

Imagine...

- A sua sala de aula.
- O telefone que você mais utiliza.
- Um botão de rosa.
- O sorriso de uma criança.
- O rosto de um amigo.
- Uma mosca.
- Uma noite estrelada.
- Um passarinho.

As suas imagens foram coloridas? Elas foram nítidas?

- Procure agora "puxar" algumas dessas imagens e desenhá-las. Por exemplo, desenhe a porta de sua residência, o telefone e um botão de rosa, indo, depois, comparar o seu desenho com o objeto real.

- Você seria capaz de manipular as suas imagens visuais? Vamos tentar?

- Imagine uma pessoa idosa que você conhece muito bem se transformando em um adolescente.

---

62. Vários desses exercícios foram sugeridos por Adams (ADAMS, J.L. *Conceptual blockbusting*. 3. ed. Nova York: Addison-Wesley, 1986).

- Imagine um passarinho se transformando lentamente em um animal de grande porte.
- Imagine que você fará uma viagem de navio e ficará nele por dois meses. Escolha dez objetos que não podem faltar nesse percurso. Liste-os. Descreva-os. Caracterize a sua importância intrínseca. (Dê um tempo para a atividade).
- O comandante chegou e disse que o navio está muito pesado e isso está dificultando a viagem. Você precisa escolher dois objetos para jogar no mar para prosseguirmos o caminho... (Dê um tempo para a atividade.) Quais objetos você escolheu como menos importantes? Por quê?
- A viagem continua... Agora, você avista uma ilha com um náufrago. Ele não pode deixar a ilha, mas você pode doar algo que você possui para melhorar a vida dele na ilha... que objeto você deixaria com ele?
- O navio ainda continua pesado... mais coisas precisam ser lançadas ao mar. Escolha mais três que não seguirão viagem com você. (Repita a ação até restar apenas um objeto.)
- Você chegou ao seu destino. Qual objeto chegou junto com você? Como você se sente?

II – Imagens auditivas

Imagine...

- O som de um cavalo andando em uma estrada.
- O som de uma garrafa de champanhe se abrindo.
- O barulho da chuva.
- Pipoca na panela.
- A abertura de um bombom.
- O farfalhar de um vestido de seda em uma festa de 15 anos.
- O ruído de uma chave na fechadura.
- O suave respirar de um bebê adormecido.

- Cigarras cantando depois de uma chuva.
- A marcha nupcial.
- Os primeiros acordes de uma guitarra na abertura de um *show*.
- Uma salva de palmas.
- Uma rajada de tiros.
- Um beijo bem estralado.
- O som de um gato ronronando.

III – Imagens olfativas

Imagine…
- O cheiro de seu perfume preferido.
- O perfume de uma flor.
- O cheiro de fumaça de cigarro.
- O cheiro de pão quentinho.
- O aroma de uma sopa quente em um dia frio.
- O cheiro de terra molhada depois da chuva.
- O cheiro de pipoca.
- O cheiro de livros novos.
- A memória olfativa do cheiro de sua mãe.
- O cheirinho de um bebê.
- Cheiro bom de café recém-passado.

IV – Imagens gustativas

Imagine…
- O gosto de limão.
- O gosto de açúcar.
- O gosto de seu sorvete preferido.
- O gosto de cerveja.
- O gosto do jiló.

- O gosto de um biscoito que se derrete na boca.
- O gosto de canela.
- O gosto de cardamomo.
- O gosto de uva fresca.

V – Outras imagens

Imagine...

- A sensação de estar mergulhando em uma piscina de água bem fria.
- A sensação de estar em um lugar extremamente quente e abafado.
- A sensação de estar descalço, pisando na grama molhada.
- A sensação muscular de estar lançando uma pedra.
- A sensação muscular de estar puxando uma corda.
- A sensação de extrema felicidade.

Muitos autores têm enfatizado a capacidade natural do ser humano para pensar tanto por meio de imagens visuais como por meio de palavras. É notório que a educação tende a enfatizar apenas os processos verbais, inibindo a capacidade de pensar por meio de imagens, que seria comum em todas as crianças, além de restringir a expressão da imaginação. Esta, segundo Rodari[63], tem sido tratada na escola como "a parente pobre", em desvantagem com a atenção e com a memória. Há, porém, vantagens de se treinar o uso de imagens, como constatado em pesquisa, em que crianças a quem se ensinou a fazer uso dos processos de pensamento com imagens, quando adolescentes, apresentaram níveis mais altos de criatividade, maior capacidade para desenhos e resultados superiores em testes de inteligência, quando comparadas com outras cuja produção de imagens fora inibida por processos educacionais focados na linguagem verbal.

---

63. RODARI, G. *Gramática da fantasia*. São Paulo: Summus, 1982.

Os autores

Eunice Soriano de Alencar, Ph.D. pela Universidade de Purdue, nos Estados Unidos, é professora emérita e pesquisadora-associada sênior do Instituto de Psicologia da Universidade de Brasília, membro honorário do Conselho Brasileiro para Superdotação e pesquisadora do Conselho Nacional de Desenvolvimento Científico e Tecnológico (CNPq). Autora de mais de 200 publicações, especialmente sobre criatividade, talento e altas habilidades. Participa de conselhos editoriais de revistas especializadas do Brasil, Estados Unidos, Inglaterra, Peru e Portugal. É consultora de distintas fundações e órgãos de fomento à pesquisa.

Nívea Pimenta Braga é doutoranda em Psicologia pela Universidade de Brasília (Programa de Pós-Graduação em Processos de Desenvolvimento Humano e Saúde). Mestre em Comunicação Social pela Pontifícia Universidade Católica de Minas Gerais (PUC-MG), graduou-se como publicitária pela mesma instituição. É docente no Ensino Superior há dez anos. Atualmente, ministra aulas de Criação Publicitária, Criatividade e Redação para Novas Mídias no Instituto de Educação Superior de Brasília (Iesb), além de cursos e palestras nestas mesmas áreas.

Claudio Delamare Marinho é especialista em Docência na Educação Superior pelo Instituto de Educação Superior de Brasília (Iesb). Graduou-se em Comunicação Social – Publicidade e Propaganda pelo Centro Universitário de Brasília (UniCeub). É docente no Ensino Superior desde 2004 e, atualmente, ministra diversas disciplinas no Iesb, entre elas Criação e Produção Publicitária, Criatividade, Direção de Arte para Produtos Gráficos e Montagem de Portfólio, além de cursos e oficinas nestas mesmas áreas. Atua também como ilustrador e diretor de arte *freelancer*.

CULTURAL

Administração
Antropologia
Biografias
Comunicação
Dinâmicas e Jogos
Ecologia e Meio Ambiente
Educação e Pedagogia
Filosofia
História
Letras e Literatura
Obras de referência
Política
Psicologia
Saúde e Nutrição
Serviço Social e Trabalho
Sociologia

CATEQUÉTICO PASTORAL

Catequese
Geral
Crisma
Primeira Eucaristia

Pastoral
Geral
Sacramental
Familiar
Social
Ensino Religioso Escolar

TEOLÓGICO ESPIRITUAL

Biografias
Devocionários
Espiritualidade e Mística
Espiritualidade Mariana
Franciscanismo
Autoconhecimento
Liturgia
Obras de referência
Sagrada Escritura e Livros Apócrifos

Teologia
Bíblica
Histórica
Prática
Sistemática

REVISTAS

Concilium
Estudos Bíblicos
Grande Sinal
REB (Revista Eclesiástica Brasileira)
SEDOC (Serviço de Documentação)

VOZES NOBILIS

Uma linha editorial especial, com importantes autores, alto valor agregado e qualidade superior.

VOZES DE BOLSO

Obras clássicas de Ciências Humanas em formato de bolso.

PRODUTOS SAZONAIS

Folhinha do Sagrado Coração de Jesus
Calendário de mesa do Sagrado Coração de Jesus
Agenda do Sagrado Coração de Jesus
Almanaque Santo Antônio
Agendinha
Diário Vozes
Meditações para o dia a dia
Encontro diário com Deus
Guia Litúrgico

CADASTRE-SE
www.vozes.com.br

EDITORA VOZES LTDA.
Rua Frei Luís, 100 – Centro – Cep 25689-900 – Petrópolis, RJ
Tel.: (24) 2233-9000 – Fax: (24) 2231-4676 – E-mail: vendas@vozes.com.br

UNIDADES NO BRASIL: Belo Horizonte, MG – Brasília, DF – Campinas, SP – Cuiabá, MT
Curitiba, PR – Florianópolis, SC – Fortaleza, CE – Goiânia, GO – Juiz de Fora, MG
Manaus, AM – Petrópolis, RJ – Porto Alegre, RS – Recife, PE – Rio de Janeiro, RJ
Salvador, BA – São Paulo, SP